GUIDES JOANNE

SAINT-RAPHAEL

ET

L'ESTÉREL

HACHETTE & Cie

Prix : 1 franc

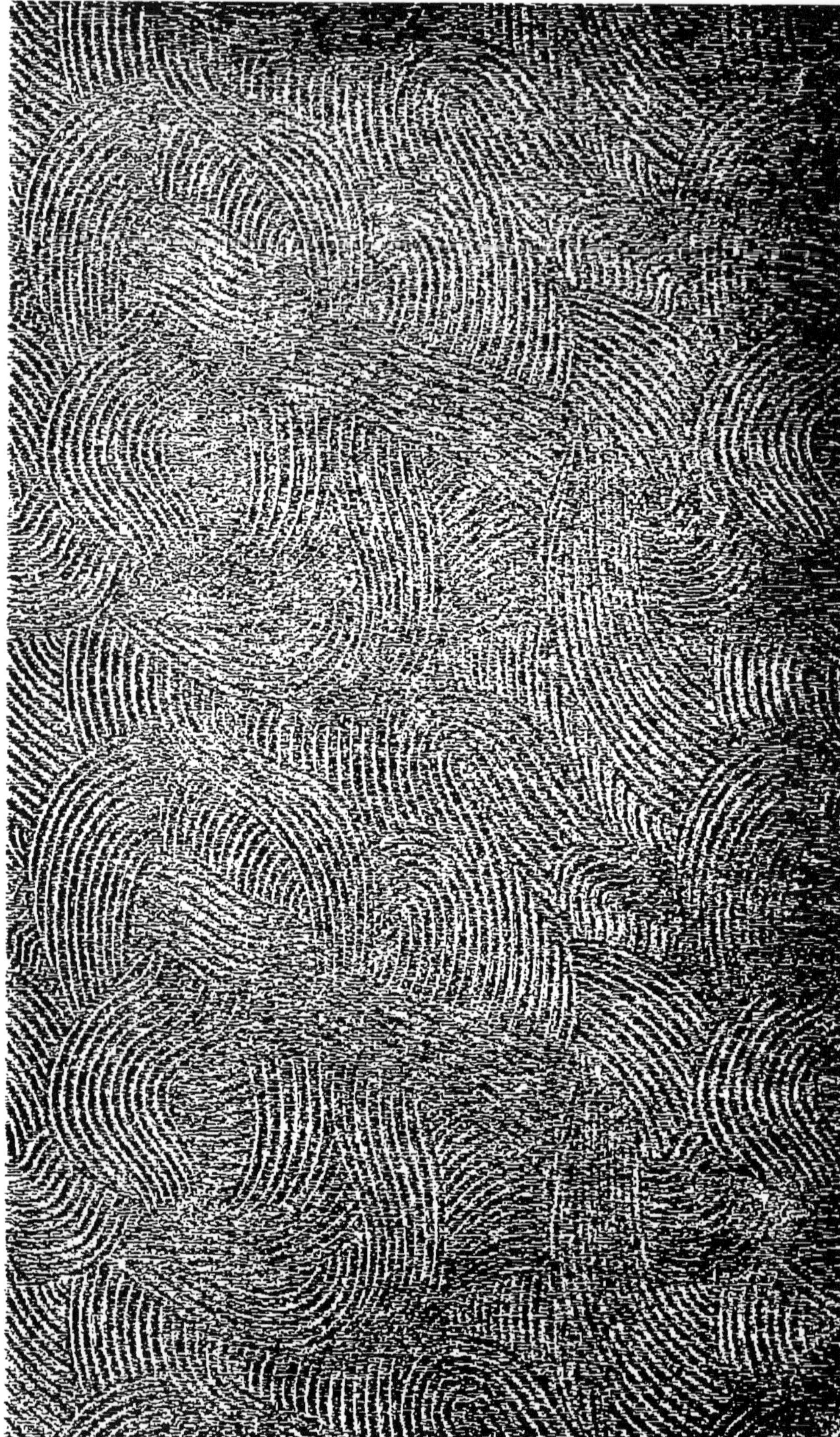

TÊTE

Type **B** *bis.*

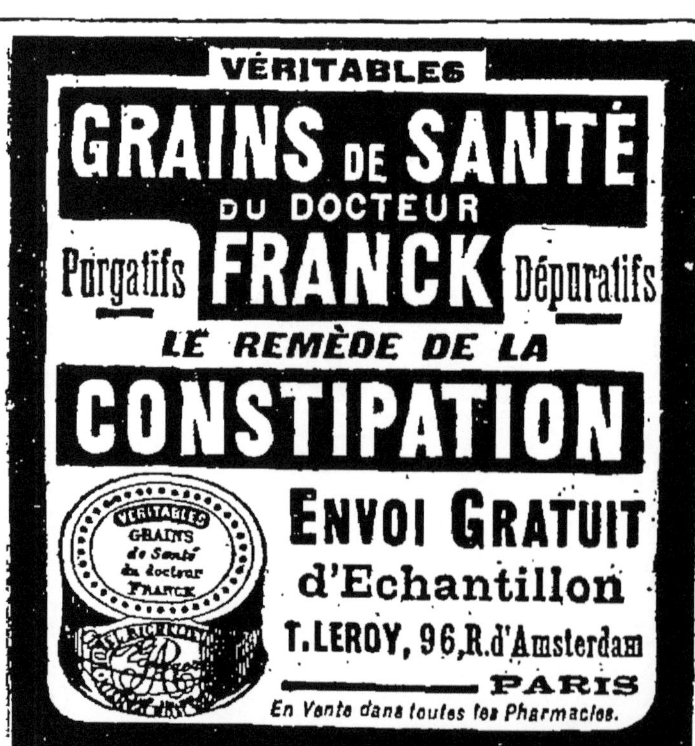
CONTREXÉVILLE-PAVILLON
ABSOLUMENT INDIQUÉE
Régime des GOUTTEUX, GRAVELEUX, ARTHRITIQUES
CONTREXÉVILLE-PAVILLON
SAISON OUVERTE du 20 MAI au 20 SEPTEMBRE
BAINS et DOUCHES * CASINO et THÉATRE
GRAND HOTEL de l'ÉTABLISSEMENT (1er ORDRE)
CONTREXÉVILLE-PAVILLON
EAU DE TABLE PAR EXCELLENCE
des Arthritiques et Rhumatisants
VÉRITABLES
GRAINS DE SANTÉ
DU DOCTEUR
Purgatifs FRANCK Dépuratifs
LE REMÈDE DE LA
CONSTIPATION
ENVOI GRATUIT
d'Echantillon
T. LEROY, 96, R. d'Amsterdam
PARIS
En Vente dans toutes les Pharmacies.

SUR ROUTE

TOUT CE QU'IL FAUT VOIR

ATLAS-GUIDE DE POCHE

POUR

CYCLISTES — AUTOMOBILISTES
TOURISTES

ÉCHELLE : 1/1 000 000ᵉ. *Un centimètre par 10 kilomètres*

Prix : 3 fr. 50

Cᴇᴛ *Atlas-Guide* contient trente-six cartes imprimées en quatre couleurs et, au dos de ces cartes, la nomenclature de toutes les villes principales et de tous les centres d'excursion, ainsi que toutes les curiosités à visiter en France.

LIBRAIRIE HACHETTE ET Cⁱᵉ
79, Boulevard Saint-Germain, 79
PARIS

San Sebastian

(ESPAGNE)

Le meilleur climat — La plus belle Plage du Monde

10 heures de Paris — 20 minutes
de la frontière française (Hendaye)

SAISON D'HIVER ◊ SAISON D'ÉTÉ

Courses de chevaux. ᴧ Courses de taureaux. ᴧ Concours hippique. ᴧ
Grandes régates internationales. ᴧ Golf. ᴧ Concours de tennis. ᴧ
Sports. — Excursions en mer et aux environs. ᴧ Pays splendide.

GRAND CASINO (*Ouvert toute l'année*)

MÊMES ATTRACTIONS QUE SUR LA RIVIERA

Orchestre de 75 musiciens. ᴧ Deux concerts par jour. ᴧ Concerts
classiques. ᴧ Concerts artistiques avec les artistes le plus en renom.
ᴧ Représentations théâtrales. ᴧ Grands bals cotillon. ᴧ Fêtes de
nuit. — Fêtes d'enfants. ᴧ Batailles de fleurs. ᴧ Cavalcades. ᴧ
Fêtes nautiques. — Grand Carnaval.

Ouvert toute l'année

SAINT-RAPHAËL

ET

L'ESTÉREL

Guides ❧ ❧ ❧ ❧ ❧ ❧ Joanne

La collection des Guides Joanne, d'une réputation universelle, constitue une bibliothèque indispensable au Voyageur et au Touriste.

Rédigés d'après un plan particulièrement pratique, ils renferment les renseignements les plus complets sur les moyens de transport, les hôtels, la manière de visiter les villes, etc. Leur compétence est reconnue pour tout ce qui touche l'art, l'archéologie, l'histoire et la géographie.

Les deux cartes ci-contre donnent l'état actuel de la collection.

Autres Guides de la Collection

Outre les Guides qui figurent sur ces deux cartes ci-contre, la collection comprend encore :

1° *Rome*, monographie illustrée. . . . . . . **2 fr. 50**
2° *De Paris à Constantinople*. . . . . **15 fr.**
3° *Athènes et ses environs*. . . . . **6 fr.**
4° *Égypte*. . . . . **20 fr**

Géographies départementales de la France et de l'Algérie.

La collection comprend 88 vol. in-16, cart.
Chaque département est vendu séparément. . . . . . **1 fr.**
Le Départ. de la Seine. **1 fr. 50**
L'Algérie. . . . . **1 fr. 50**

Nouvelle carte de France au 100.000e

Dressée par le service vicinal par ordre du ministère de l'Intérieur, complète en 587 feuilles.
Chaque feuille se vend isolément. . . . . . . **0 fr. 80**
Pliée et cartonnée. . **1 fr. 05**

SAINT-RAPHAËL

ET

L'ESTÉREL

FRÉJUS

VALESCURE

BOULOURIS-

SUR-MER

AGAY

ANTHÉOR

LE TRAYAS

THÉOULE

LA NAPOULE

LA CORNICHE

DE

L'ESTÉREL

1 PLAN, 3 CARTES ET 11 GRAVURES

LIBRAIRIE HACHETTE ET Cⁱᵉ

79, BOULEVARD SAINT-GERMAIN, 79, PARIS

1909

Baie de Théoule.

SAINT-RAPHAËL

ET L'ESTÉREL

*Fréjus, Valescure, Boulouris-sur-Mer,
Agay, Anthéor, le Trayas, Théoule, la Napoule,
la Corniche de l'Estérel.*

RENSEIGNEMENTS PRATIQUES

DE

SAINT-RAPHAEL, VALESCURE, BOULOURIS

(Pour les autres localités, voir dans le texte.)

Omnibus : — des hôtels à la gare P.-L.-M.

Hôtels : — *SAINT-RAPHAEL.* — Hôt. : *Beau-Rivage** (nov. à mai; omn., 50 c.; pet. déj., 1 fr., déj., 4 fr., din., 5 fr., servis à part, vin non compris; ch. de 5 à 10 fr.; pens. dep. 12 fr. par j.; garage avec fosse pour autos; ch. noire; bains), bd Félix-Martin, commencement de la route de la Nouvelle-Corniche; — *Grand-Hôtel** (nov. à mai; omn., 1 fr.; pet. déj. 1 fr. 50; déj. à table d'hôte 3 fr. 50, servi à part 4 fr., dîn. 5 fr. à table d'hôte, à part 6 fr., vin non compris; ch. dep. 5 fr.; pens. dep. 12 fr. par j.; auto-garage; ch. noire; bains), av. du Grand-Hôtel; — *Continental-Hôtel et des Bains** (toute l'année; omn., 1 fr.; pet. déj. 1 fr. 50; déj. à table d'hôte 3 fr.; servi à part 4 fr., dîn. 4 fr. à table d'hôte, 5 fr. à part, vin non compris; ch. de 3 à 10 fr.; pens. dep. 8 fr. par j.: garage avec fosse; dépôt d'essence; bateaux automobiles; ch. noire), bd Félix-Martin, au bord de la mer; — *Terminus, de France et des Négociants* (toute l'année; garçon à la gare P.-L.-M.; pet. déj., de

50 c. à 1 fr.; déj. 2 fr. 50, à part 3 fr., dîn. 3 fr., à part 3 fr. 50; ch. de 2 fr. 50 à 7 fr.; pens. suivant séjour), en face la gare P.-L.-M.; — *de France* (toute l'année; même direction que le Terminus, de France et des Négociants, et dépendant de ce dernier), en face la gare P.-L.-M.; — *Touring-Hôtel* (pet. déj. 75 c.; dîn. 2 fr. 50; ch. 2 fr., 2 pers. 3 fr.; à 2 lits, 4 fr.), près de la déj. 2 fr. 50; gare P.-L.-M.

VALESCURE. — Hôt. : *Grand-Hôtel de Valescure* * (1er nov. au 15 mai; omn., 1 fr.; pet. déj. 1 fr. 50; déj. 4 fr., dîn. 5 fr., vin non compris; ch. dep. 3 fr.; pens. 10 à 12 fr. par j.); — *Grand-Hôtel des Anglais* * (1er déc. à fin avril; omn. 1 fr.; pet. déj. 1 fr. 50; déj. 3 fr. 50, dîn. 4 fr. 50, vin non compris; ch. dep. 3 fr.; pens. 8 à 11 fr. par j.); — *du Golf-Club.*

BOULOURIS-SUR-MER. — Hôt. : *Boulouris Grand-Hôtel* * (1er oct. à fin mai; omn. à la gare de Saint-Raphaël aux trains express, 2 fr. par pers. avec bagages; pet. déj. 1 fr. 50; déj. 3 fr. 50, dîn. 5 fr., vin non compris, servis à part à petites tables; ch. de 2 fr. 50 à 10 fr.; pens. dep. 9 fr. par j.; bains; ch. noire; garage pour autos; voit. d'excursions); — *Terminus et des Pins* (toute l'année; pet. déj., 75 c. ; déj. à table d'hôte 2 fr. 50, servi à part 3 fr., dîn. 3 fr. à table d'hôte, vin compris; pens. 6 fr. 50 et 7 fr. 50 par j. avec arrangements pour séjour; garage; voit. pour promenades), près de la station de Boulouris-sur-Mer.

Agences de location : — *Agence Méridionale*, en face la nouvelle église; — *Agence de Saint-Raphaël* (La Corte, directeur); — *Agence Immobilière*, av. des Chèvrefeuilles; — *Agence anglaise*; — *Agence des Étrangers*, r. J.-Barbier, 5.

Bains de mer et bains chauds d'eau de mer et d'eau douce : — *Lambert* (bains à domicile), plage de Veillat, en face le café des Bains; — *Bains Manolino* (bains et douches; massage), av. de la Gare.

Masseur-pédicure : — *Joseph Manolino*, propriétaire des Bains, av. de la Gare.

Golf Club : — à Valescure.

Banques : — *Fougeiret*; — *Bossu.*

Agence de voyages : — *Thos. Cook and Son* (représentés par M. *Fougeiret*, banquier).

Agence consulaire : — *d'Italie*, M. Cristiani.

Cultes. — *Catholique romain* : *nouvelle église N.-D. de la*

Victoire (de la Toussaint à Pâques, messe basse à 8 h., grand'-messe à 10 h. 30 les dim. et fêtes; messes à 7 h. et à 8 h. en semaine); *ancienne église* (messe dim. et fêtes à 6 h. 30); *Hospice* (messe dim. et fêtes à 9 h.); *chapelle de Valescure* (messe dim. et fêtes à 9 h. 30).

Réformé évangélique : *temple*, av. du Grand-Hôtel (dim. à 10 h. 30 mat.).

Anglican : *English Church*, av. du Grand-Hôtel (communion le dim. à 8 h. 30 du mat., à 8 h. 30 et à 11 h. le 1er dim. du mois; offices à 10 h. 30 et 3 h. t. les dim., à 10 h. 30 le mercredi et le vendredi); *chapelle* à Valescure.

Postes, télégraphes et téléphones : — r. Charles-Gounod.

Fleuristes : — *V. Valée*, bd Félix-Martin; — *Blanc*, av. du Grand-Hôtel.

Photographe : — *Mme de Suzy*, successeur de *Ferrari* (grand choix de vues du littoral), r. Charles-Gounod. — **Très belles photographies de l'Estérel et de la Nouvelle-Corniche** chez *Henri Leroy*, photographe, av. du Quatre-Septembre, à Draguignan.

Loueurs de voitures : — *Paul Séquier fils* (spécialité de voit. pour courses dans l'Estérel; 30 fr. par j. voit. à 2 chev. et 4 pl.), près de la gare; — *Albin*, place de la Mairie; — *Flayosc*, près de la gare; — *Tasso*, près de la gare.

Voitures de place. — Le territoire de Saint-Raphaël est divisé en 4 zones; prix, le jour, course directe sans retour : 1re zone, 1 fr. 50; 2e zone, 2 fr.; 3e zone, 3 fr.; 4e zone, 4 fr. La nuit, traiter de gré à gré. — A l'heure : 1re h., 3 fr. le jour, 4 fr. la nuit; les h. suivantes 2 fr. 50 le j., 3 fr. la nuit. La 1re h. sera toujours due intégralement; les h. suivantes se fractionnent et sont payés par *quart d'heure*.

N. B. — Le cocher ne pourra exiger le paiement de la course si, au préalable, il n'a montré le tarif au voyageur et ne lui a demandé s'il entend être conduit à la course ou à l'heure. Les prix sont les mêmes pour les voit. à 1 ou 2 chev., avec 3 voyageurs. En cas de réclamation, s'adresser à la mairie. Chaque voyageur en sus du nombre réglementaire (3) paiera 50 c. par course et 1 fr. par heure. Deux enfants au-dessous de dix ans remplacent une grande personne. Les colis à la main ne paient pas; les autres colis paient 50 c. par colis.

Promenades et excursions tarifées (arrêté municipal; plaintes à adresser dans les 24 heures à la mairie, en indiquant

le n° de la voiture, le lieu et le jour où elle a été prise et aban-
donnée). — *A*. Promenades : *tour de Valescure par Fréjus* (sans
arrêt), 6 fr.; *la même promenade par la Cathédrale, les Arènes*,
7 fr.; *tour de Boulouris par les Plaines*, 5 fr.; *tour de Boulouris
par le Grand-Hôtel Boulouris*, 15 min. d'arrêt, 6 fr.; *tour de la
Louve par Fréjus*, 12 fr.; *tour de Roquebrune*, 15 min. d'arrêt,
15 fr.; *le Dramont*, aller, 5 fr.; *le Dramont*, all. et ret., avec 1/2 h.
d'arrêt, 7 fr.; *Saint-Aygulf*, aller, 10 fr.; *Saint-Aygulf*, all. et ret.,
avec 1 h. d'arrêt, 12 fr.; *la Gaillarde*, aller, 15 fr.; *la Gaillarde*,
all. et ret., avec 1 h. d'arrêt, 18 fr.; *Agay*, aller, 8 fr.; *Agay*, all.
et ret., avec 1 h. d'arrêt, 11 fr.; *Anthéor*, aller, 12 fr.; *Anthéor*,
all. et ret., avec 1 h. d'arrêt, 15 fr.; *Pin de la Lèque (route de
Bagnols)*, all. et ret., 15 fr.; *Mines de Bozon*, all. et ret., 18 fr.;
le Trayas, all., 20 fr.; *le Malpey*, all. et ret., 1 h. d'arrêt, 20 fr.

B. Excursions (all. et ret.; pour ces excurs. et pour le même
prix, MM. les voyageurs peuvent disposer de la voit. pour la
journée) : *Sainte-Maxime*, 30 fr.; *Bagnols (chapelle Notre-Dame)*,
30 fr.; *le Malpey*, 25 fr.; *Auberge des Adrets*, 25 fr.; *le Malpey,
la Duchesse, ret. par l'auberge des Adrets*, 30 fr.; *le grand tour
par le Malpey, le Pigeonnier, le pont du Perthus, le Graladis et
Agay*, 35 fr.; *Valescure, pont de la Cabre, les Malvalettes, Roussivau, pont du Perthus et Agay*, 30 fr.; *les Quatre-Chemins de la
Louve par la rivière du Grenouiller, le col du Mistral et Agay*,
25 fr.; *le Malinfernet*, 25 fr.; *la Sainte-Baume, ret. par la même
route*, 25 fr.; *Saint-Barthélemy, ret. par la même route*, 25 fr.;
la Sainte-Baume ou *Saint-Barthélemy, le Trayas, ret. par la
Nouvelle Corniche*, 30 fr.; *le Trayas, ret. par la Nouvelle Corniche*,
25 fr.; *les Trois-Termes, ret. par la même route*, 25 fr.; *les Trois-
Termes, ret. par l'auberge des Adrets*, 40 fr.

Voitures publiques : — pour *Fréjus* (t. 1 h. dans les deux
sens, 25 c.); — pour *Boulouris* et *le Dramont* (9 h. mat. et 5 h.
s.; du Dramont à 7 h. mat. et 2 h. 30 s.; 50 c.); — pour *Valescure* (dép. fréquents l'hiver; 50 c.).

SAINT-RAPHAEL

Situation. — Aspect général.

Saint-Raphaël, V. de 4,893 hab., station hivernale et de bains de mer, se compose de plusieurs parties bien distinctes : la vieille bourgade, tassée autour et au-dessus du port; la ville neuve ou ville des étrangers, bâtie au pied des derniers contreforts O. de l'Estérel; **Boulouris-sur-Mer**; **Agay, Anthéor et le Trayas** appartiennent aussi au territoire communal de Saint-Raphaël, qui est, de par sa situation entre les Maures et l'Estérel, un excellent centre d'excursions, dont la vogue s'est beaucoup augmentée du fait de l'ouverture de la magnifique route de la **Corniche de l'Estérel** (*V.* p. 28). Enfin, au point de vue médical, **Valescure**, qui relève en partie de Fréjus, est une annexe importante de Saint-Raphaël, dont la gare porte le nom de *Saint-Raphaël-Valescure*.

C'est de la balustrade du boulevard Félix-Martin, devant le kiosque, qu'il faut embrasser le paysage de mer de Saint-Raphaël, terminé à l'E. par une falaise hardie que prolongent en mer deux superbes rochers rouges, semblables à des lions couchés, le Lion de Terre et le Lion de Mer, et, à l'O., au delà de la plage basse et sablonneuse du golfe de Fréjus, dite *plage de Saint-Raphaël*, par la côte des Maures, depuis le cap des Issambres, entrée du golfe de Saint-Tropez, jusqu'au superbe Rocher de Roquebrune. Cet ensemble est harmonieux et d'une grande pureté de lignes, et l'on comprend que Saint-Raphaël ait exercé une sorte de fascination sur les artistes qui l'ont sorti de l'obscurité : Alphonse Karr, Gounod, Barbier, Fromentin et le peintre Hamon, qui a défini d'un trait son paysage : « la campagne de Rome au fond du golfe de Naples »

Histoire. — Saint-Raphaël, qui doit son nom à une chapelle dédiée à l'archange Raphaël, n'était, à l'origine, qu'un faubourg maritime de Fréjus; son port remplaça à l'époque mérovingienne le port de la cité antique, et les Templiers y eurent au XIIe et au XIII° s. un établissement dont l'ancienne église paroissiale est un reste. Bonaparte débarqua à Saint-Raphaël à son retour d'Egypte le 9 octobre 1799 et s'y embarqua pour l'île d'Elbe le 28 avril 1814.

Mais Saint-Raphaël n'avait alors d'autre importance que celle de son port; sa vogue comme station hivernale et balnéaire est toute moderne. Deux noms sont intimement liés à la prospérité de Saint-Raphaël : celui d'Alphonse Karr, qui y mourut en 1890, et celui de l'ingénieur Félix Martin, à qui est dû le soudain essor de la ville neuve, dont la principale artère porte son nom.

Climat.

Le climat de Saint-Raphaël a été heureusement caractérisé par le Dr Bontems dans une étude publiée par le *Bulletin médical* du 3 mai 1902 et dont nous extrayons, avec l'autorisation de l'auteur, les passages suivants :

« La station de Saint-Raphaël se subdivise en trois localités : Saint-Raphaël, plage ; Boulouris, plage ; Valescure, forêt.

« Ce qui constitue la caractéristique de cette station, c'est sa situation au milieu d'une région forestière, d'arbres à essences résineuses et aromatiques, d'une superficie d'environ 6,000 hectares.

« Le sol est accidenté, couvert de bois et fertile. La végétation spontanée produit principalement l'olivier, le chêne-liège, le chêne-vert, l'arbousier, la bruyère arborescente, le genêt, le tamaris, la lentisque, et nombre de plantes aromatiques, le laurier-rose et le laurier-cerise, les diverses espèces de pins, l'oranger, le citronnier, l'amandier, le grenadier, le figuier, la vigne, etc. Parmi les arbres et plantes exotiques, on y rencontre toute la culture des deux mondes : on voit toutes les variétés d'eucalyptus, de mimosas, de palmiers, de cactus, d'agaves, de conifères, des fleurs innombrables et variées, telles que roses, jasmins, violettes, etc. Toute cette végétation luxuriante se rapproche de la mer comme pour orner le littoral.

« La situation topographique de Saint-Raphaël indique les défenses que cette station présente aux vents qui règnent dans le bassin de la Méditerranée. Saint-Raphaël est protégé des vents d'ouest par les montagnes des Maures qui le séparent d'Hyères, des vents d'est par le massif de l'Estérel qui le sépare de Cannes, et du nord par la chaîne des Alpes. Le système de défense serait complet s'il n'existait une brèche du côté du nord-ouest, entre Roquebrune et Fréjus, par où pénètre le vent du nord-ouest ou mistral ; mais il souffle beaucoup moins qu'on ne le croit. « Ce courant atmosphérique, a dit le Dr Mirener, est quelquefois exceptionnellement violent, et sinon redoutable, au moins impressionnant défavorablement les personnes irritables, que les violentes secousses de l'air, sa sécheresse et le choc de la colonne d'air contre les arbres et les murs agacent et tourmentent. » Le plus ordinairement, le mistral agite modérément l'atmosphère, active vivement le fonctionnement organique. « C'est un bon vent, disent les habitants de la côte, c'est le vent du beau temps et de la salubrité. »

« L'état normalement légèrement mobile de l'air de la station de Saint-Raphaël est une des qualités qui la caractérisent et dont le médecin doit tenir grand compte.

« Cette mobilité habituelle de l'air est, selon nous, d'une grande importance ; c'est à elle qu'est due la salubrité exceptionnelle du pays ; c'est elle qui, en aidant la fonction respiratoire, produit une stimulation des organes avec exagération de l'appétit et perfection du travail nutritif.

« Grâce à la mobilité habituelle de l'air, le climat de Saint-Raphaël est tonique, stimulant, il favorise une nutrition active.

« La situation topographique de Saint-Raphaël montre que la température moyenne est, à peu de chose près, celle d'Hyères et de Cannes. La température moyenne de l'hiver, comprenant les mois de décembre, janvier et février, est de + 12°8 C. ; celle du printemps + 20°, de l'été + 24°7, de l'automne + 22°.

« Comme nous l'avons constaté, c'est la mobilité habituelle de l'air qui vient tempérer la chaleur et qui fait qu'on n'éprouve pas, à Saint-Raphaël

Saint-Raphaël. — Cliché Neurdein.

cette sensation d'alanguissement qu'on ressent dans d'autres stations du littoral. La douceur de la température tient aussi à la siccité de l'air qui, favorisant l'évaporation à la surface de la peau. produit une impression agréable de fraîcheur qui n'existe pas dans les climats chauds et humides.

« Les courbes thermométriques tracées à Saint-Raphaël par l'ingénieur Ortolan, de 1883 à 1889, au moyen des enregistreurs Richard, nous permettent de constater des écarts extrêmement faibles ; les variations diurnes n'excèdent pas 9° C. ; les différences entre le jour et la nuit sont très peu prononcées.

« Cette stabilité thermique a une grande importance, car ce n'est pas le degré d'élévation de la température, mais bien son uniformité qui constitue la valeur médicale d'un climat.

« La même uniformité se fait remarquer dans la pression barométrique, dont la moyenne est de 765 millim., et dont les courbes sont remarquables par l'uniformité des ondulations. C'est là une excellente condition, car les variations barométriques, lorsqu'elles sont soudaines et étendues, ont une influence fâcheuse sur la santé en général, mais surtout sur la santé de toutes les personnes débiles, douées d'une impressionnabilité nerveuse particulière.

Le sol de Saint-Raphaël est porphyrique et la terre a un ton rouge.

« Cette coloration du sol contribue à la stabilité thermique. En effet, le calorique rayonnant, au lieu d'être réfléchi par un sol blanc, est absorbé par des surfaces rouges qu'il pénètre et échauffe ; aussi n'observe-t-on pas à Saint-Raphaël ces variations subites de température qui existent sur d'autres points du littoral.

« Saint-Raphaël, et son prolongement Boulouris, s'étendent en amphithéâtre le long de la mer qui baigne les contours de ces côtes accidentées. Ils constituent une station maritime de premier ordre, puisque nous y trouvons réunis : chaleur tempérée, abri, plage à pente douce de sable fin, et végétation, c'est-à-dire tout ce qui convient à une grande classe de malades et de valétudinaires ; ceux-là surtout qui redoutent les déplacements peuvent s'y constituer une résidence fixe. Nous ne connaissons pas une station méditerranéenne qui offre cet avantage.

« La vogue dont jouit Saint-Raphaël, comme station de bains de mer, trouve son explication dans certaines qualités de son climat : chaleur tempérée, mobilité de l'air, absence de poussière, rareté de la pluie. La Méditerranée possède une gamme complète de températures, que le médecin peut utiliser suivant les indications ; les bains de mer sont donnés avec succès pendant toute l'année, pour le traitement de certaines affections diathésiques ; enfin, l'absence de flux et de reflux constitue un avantage incontestable, car le malade peut choisir le moment de la journée qui est le plus favorable, et obtenir ainsi une régularité qui est une règle essentielle dans la pratique de l'hydrothérapie maritime.

« Valescure, l'ancienne *Vallis Curans* des Romains, est reliée à Saint-Raphaël et à Fréjus par un magnifique boulevard, d'une longueur de 5 k. A ce boulevard aboutissent des avenues qui se perdent dans les bois, et dont l'ensemble présente un réseau de plus de 20 k. de promenades charmantes.

« La situation topographique de Valescure est des plus heureuses. Valescure occupe les premiers gradins du fond d'un cirque boisé, ouvert dans la direction du plein Sud, faisant face au soleil et à la mer, dont elle est distante de un à deux kilomètres, suivant les quartiers. Le sol est sec, couvert d'une riche végétation ; abri parfait des vents, atténuation des principes marins excitants, pas de poussière.

« La zone de Saint-Raphaël et Boulouris est tonique, excitante ; celle de Valescure est à la fois tonique et sédative.

« Les conditions climatériques de Saint-Raphaël, Boulouris et Valescure constituent trois sortes de résidences médicales pouvant produire des effets différents, suivant qu'on place les malades au bord de la mer, ou dans les abris de Valescure ; on a ainsi la possibilité de faire bénéficier un malade de ces influences bien distinctes, suivant la marche de son affection, et cela sans déplacement coûteux et sans fatigue.

« Toutes les manifestations du lymphatisme et de la scrofule, l'anémie, l'hypoglobulie, trouveront, à Saint-Raphaël et à Boulouris, le meilleur des remèdes ; c'est la demeure indiquée des enfants débiles, des jeunes filles et des femmes chlorotiques, et qui convient admirablement aux formes torpides, adynamiques, des maladies chroniques et aux convalescences longues et pénibles.

« Tout malade chez lequel il y a de l'atonie, peu de susceptibilité nerveuse, pas d'éréthisme pulmonaire, pas de sueurs profuses, pas de menace d'entérite, juste assez de fièvre pour caractériser la tuberculose, doit être envoyé à Valescure.

« Le climat de Saint-Raphaël se trouve contre-indiqué pour les personnes à tempérament nervo-sanguin, atteintes de désordres dans l'appareil circulatoire, pour les sujets excitables et les fébricitants. Il y a également contre-indication chez les rhumatisants, avec endocardites anciennes ou récentes ; tout phtisique chez lequel la réaction générale prédomine sur l'importance de la lésion ne doit pas être envoyé à Saint-Raphaël.

« Le cadre nosologique de Saint-Raphaël est en tout point favorable : il existe peu de pays aussi salubre que ce point du littoral, qui n'a jamais connu d'épidémies. »

Installations. — Hôtels et villas. — Approvisionnements.

INSTALLATIONS. — Saint-Raphaël et ses annexes offrent une grande variété d'installations : hôtels, villas, appartements meublés. A Saint-Raphaël même, on trouve d'excellents hôtels de tout rang, fort bien tenus. Depuis la transformation de la bourgade en station d'étrangers (vers 1880), il a été ouvert sur le territoire communal 80 k. de routes forestières carrossables ; il a été créé 40 k. de voies nouvelles, chemins, routes et boulevards ; plus de 300 villas et hôtels ont été construits. Les villas meublées se louent 1,500 à 3,000 fr., les appartements meublés 750 à 1,000 fr. pour l'hiver, moitié prix pour l'été.

A Valescure, où une colonie nombreuse et distinguée d'artistes, de gens de lettres et de sommités médicales s'est groupée autour du Mécène Angelo Mariani, l'inventeur du « Vin de Coca », on trouve trois hôtels et de nombreuses villas. Valescure est un séjour d'hiver très prisé par la colonie anglaise, qui y a sa chapelle, son golf, etc.

L'admirable route de la Corniche de l'Estérel se peuple rapidement ; la partie comprise entre Saint-Raphaël, Boulouris et Agay est déjà un boulevard de 10 k., bordé de coquettes villas ; la politique, représentée par Georges Leygues, y voisine avec la littérature personnifiée en Maurice Donnay et avec le théâtre incarné en Polaire.

Entre Agay et le Trayas, une colonie d'artistes, peintres, sculpteurs, écrivains, s'est blottie dans le joli site d'Anthéor ;

on y relève les noms notoires de Brieux, Bertnay, Gervais, Valtat.

Le Trayas possède deux hôtels importants et des villas à louer, et l'on commence à construire à la Figueirette. La construction est aussi fort active à Théoule, de sorte que ce rivage divin de l'Estérel, naguère désert, ne tardera pas à être une longue avenue où, dans les pins dont le vert sombre tranche sur le rouge vif des porphyres, au-dessus d'une côte merveilleuse, accidentée, coupée de petites criques adorables, détachant des promontoires que prolongent dans le bleu de la mer des récifs au profil tourmenté, s'échelonneront et s'égrèneront des hôtels, des villas, des chalets enguirlandés de fleurs, baignés de lumière, dorés par le grand soleil, avec la Méditerranée en face et, en arrière, cette superbe **forêt domaniale de l'Estérel**, sillonnée de routes, de sentiers offrant une gamme de promenades pour ainsi dire infinie, et que le président du Touring-Club de France, M. Ballif, a si justement et si heureusement qualifiée de « Parc National ».

A Boulouris, plusieurs très bons hôtels, dont un de premier ordre; à Agay, d'excellents hôtels-pensions très confortables; un hôtel important à Anthéor; au Trayas, dans une situation ravissante, l'ancienne Réserve de Sube transformée en hôtel de séjour hygiénique et pourvu des perfectionnements modernes, et le magnifique Estérel-Hôtel au-dessus de la mer, dans les pins, au quartier de la Figueirette; des hôtels-restaurants à Théoule, jalonnent la Corniche d'Or.

APPROVISIONNEMENTS. — Saint-Raphaël est très complètement approvisionné : par un marché où le poisson abonde et aussi par le marché voisin de Fréjus, dont la plaine ample et fertile produit en quantité légumes et fruits frais et variés, par des magasins de tout genre et surtout par la *Société coopérative de consommation du Var*, un vrai bazar de l'alimentation, rue Charles-Gounod, en face de la poste, où l'on peut se procurer à prix fixes et modérés des produits de première qualité.

EAU POTABLE. — Saint-Raphaël est pourvu d'une excellente eau potable, saine et abondante, « fournie par la source de la Siagnole, affluent de la Siagne, que les Romains, au temps de la splendeur de *Forum Julii* (Fréjus), avaient amenée par le vaste aqueduc dont on admire toujours les ruines imposantes. En 1894, le maire de Saint-Raphaël, le regretté Félix-Martin, eut la vaste conception de capter ces eaux au pied même du rocher de Mons, d'où elles jaillissent, et de les conduire à Saint-Raphaël en canalisation fermée d'une longueur de 45 k., donnant ainsi aux campagnes et aux villas la fécondité luxuriante, une eau saine à l'alimentation de la population et des étrangers ». (Dr Bontems.)

La canalisation se prolonge jusqu'à Agay et Anthéor, et une source donnant 200 m. cubes par jour, découverte dans le domaine d'Espero-Pax, assure l'alimentation du Trayas.

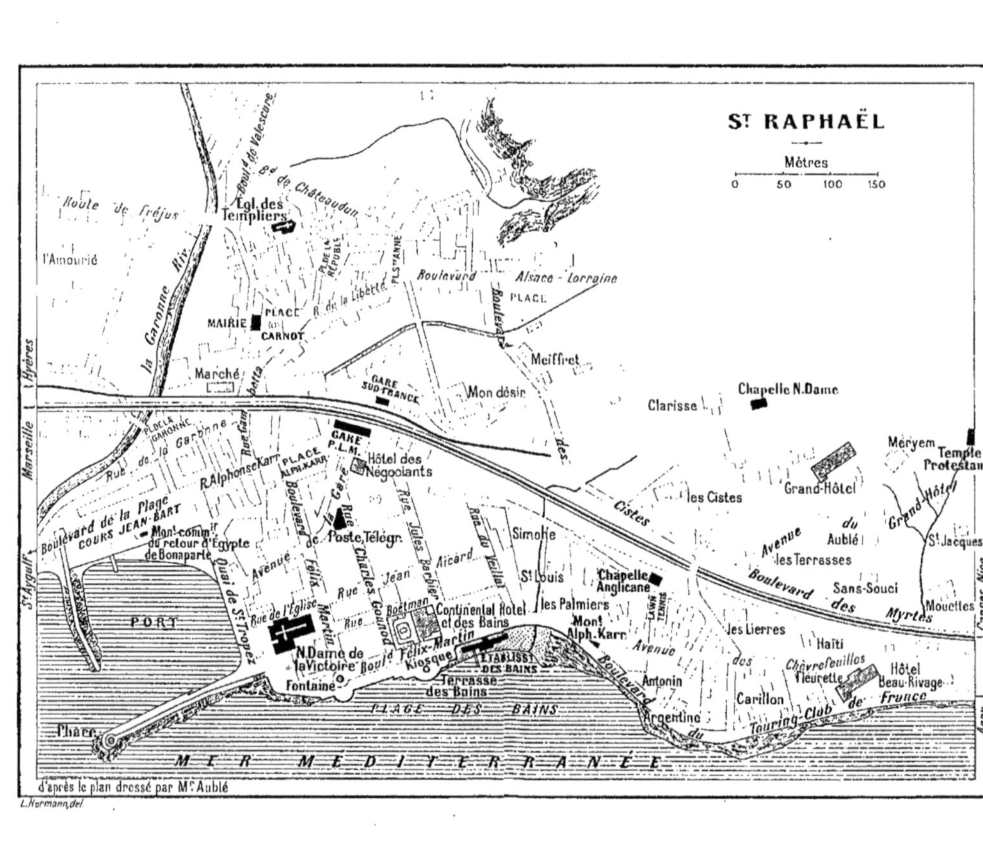

St RAPHAËL
Mètres
0   50   100   150
Route de Fréjus
l'Amourié
Boul.d de Valescure
B.d de Châteaudun
Egl. des Templiers
PL. DE LA REPUBL.
PL. S.te ANNE
Boulevard Alsace - Lorraine
PLACE
R. de la Liberté
Boulevard
Meiffret
la Garonne Riv.
Marseille
Hyères
MAIRIE
PLACE CARNOT
Marché
GARE SUD-FRANCE
Mon désir
Clarisse
Chapelle N. Dame
PL. DE LA GAHONNE
Rue de la Garonne
Rue Gamb.ta
GARE P.L.M.
PLACE ALPH. KARR
Hôtel des Négociants
les Cistes
Cistes
Méryem
Temple Protestant
R. Alphonse Karr
Boulevard
la Gare
Rue Jules Barbier
Grand-Hôtel
Grand-Hôtel
St.Aygulf
Boulevard de la Plage
COURS JEAN-BART
Avenue
Rue Félix Martin
Rue Charles Gounod
Rue Jean Aicard
Rue du Veillat
Simone
St Louis
les Palmiers
Chapelle Anglicane
Avenue du Aublé
les Terrasses
Sans-Souci
St Jacques
Grand-Hôtel
Cannes, Nice
Mon.t comm.tif du retour d'Egypte de Bonaparte
de   Poste. Télégr.
LAWN TENNIS
Mon.t Alph. Karr
les Lierres
Mouettes
Boulevard des Myrtes
Quai de St Tropez
PORT
Rue de l'Eglise
Botzman
Continental Hôtel et des Bains
Haïti
N. Dame de la Victoire
Boul.d Félix-Martin
Kiosque
ETABLISS.t DES BAINS
Avenue des
Antonin
Carillon
Chèvrefeuilles Fleurette
Hôtel Beau-Rivage de France
Phare
Fontaine
Terrasse des Bains
PLAGE DES BAINS
Boulevard du Touring-Club
Argentino
Agay
MER MÉDITERRANÉE
d'après le plan dressé par M.r Aublé
L. Hermann, del.

GAZ. — Le gaz est installé dans les hôtels et villas; il se paie 30 c. le mètre cube.

Visite et description de la ville.

La gare du P.-L.-M. (en face de la gare du Sud-France, avec laquelle elle communique à travers rails pour les besoins du service et pour les voyageurs munis de billets directs et passant d'un réseau sur l'autre) est bâtie entre les deux parties de la ville. En sortant de cette gare on se trouve sur la *place Alphonse-Karr*, d'où, à dr., la *rue Alphonse-Karr* détache à dr. la *rue Gambetta*, qui passe sous les voies ferrées et mène à la *place Carnot*, et, plus haut, à la vieille *église* (XIIᵉ s.; *tour* plus ancienne, construite après l'invasion sarrasine, vers le XIᵉ s.). La rue Alphonse-Karr aboutit au **cours Jean-Bart**, planté de platanes, et que continue le *boulevard de la Plage* ou route de Saint-Aygulf. Au milieu du cours Jean-Bart, une *pyramide* en porphyre de l'Estérel a été élevée par la municipalité en commémoration du débarquement de Bonaparte au retour de l'expédition d'Egypte, le 17 vendémiaire an VIII (9 oct. 1799). A g. du cours Jean-Bart, le *quai de Saint-Tropez* conduit à une *jetée*, à l'extrémité de laquelle un feu fixe éclaire l'entrée du *port* (bateaux de pêche et de plaisance; caboteurs et cargo-boats). Du quai de Saint-Tropez, la *rue de l'Eglise* monte au boulevard Félix-Martin (*V.* ci-dessous).

De la place Alphonse-Karr partent : 1° *l'avenue de la Gare*, qui biaise à dr., à la rencontre de la *rue Charles-Gounod* (à l'angle, *poste* et *télégraphe*), coupe le boulevard Félix-Martin et descend au quai de Saint-Tropez (*V.* ci-dessus); 2° le **boulevard Félix-Martin**, la plus belle artère de Saint-Raphaël. Ce boulevard, planté de palmiers, passe (à dr.) devant la belle **église Notre-Dame-de-la-Victoire**, de style byzantin, œuvre de M. l'architecte Aublé, puis (toujours à dr.) devant l'ancien casino, avec terrasse au-dessus de la mer (belle *fontaine* commémorative de l'adduction des eaux de la Siagnole, en avant de laquelle se remarque une section de l'*aqueduc* romain, transportée là en 1901).

Le boulevard Félix-Martin tourne alors à g., longeant les sinuosités du rivage, au-dessus duquel sa large esplanade est protégée par une jolie balustrade. A g., après le débouché de la rue Charles-Gounod (*V.* ci-dessus), entre cette rue et la *rue des Bains*, s'élève, en façade sur la mer, le *Continental-Hôtel et des Bains*, devant lequel un élargissement en hémicycle du boulevard porte le nom de *terrasse des Bains* (jardin; bancs de repos; kiosque de musique; vue splendide). Devant le kiosque de musique, et entourée d'un grillage, *borne milliaire* de la voie Aurélienne, tirée du vallon de la Sainte-Baume, dans l'Estérel, en 1885. Après vient l'*établissement des bains de mer*, situé en face du *café des Bains*. Plus loin, le boulevard, devenu le *boulevard du Touring-Club de France*, commencement de la **route de la Corniche de l'Estérel**, passe devant le *monument d'Alphonse Karr*, par Maubert, l'*hôtel Beau-Rivage* et de nombreuses villas, parmi lesquelles la massive villa égyptienne du baron Knorring, l'*Oustalet dou Capelan*, où résida Charles Gounod, et *Maison close*, où mourut Alphonse Karr en 1890. On peut continuer jusqu'à la jolie *anse des Corailleurs*, en face du *Lion de Terre* (vestiges d'un phare antique) et du *Lion de Mer* (on y va en barque; agréable promenade), et là, comme la route s'éloigne du rivage, rétrograder pour monter, à dr. à l'*avenue du Grand-Hôtel*, qui passe devant le *Grand-Hôtel* et devant la *villa Meryem* (ancienne villa Janszen; *temple réformé évangélique*, sur le modèle d'un édifice élevé par le roi de Suède, dans une de ses résidences d'été; culte français), vis à-vis de laquelle on peut visiter (s'adresser au jardinier; pourboire) les splendides jardins de la *villa Saint-Jacques*. De là, on peut, en revenant sur ses pas et en passant au-dessus de la voie ferrée entre le *boulevard des Cistes*, à dr., et le *boulevard des Myrtes*, à g., et en laissant à dr. la *chapelle anglicane* (à côté, *lawn-tennis*) et, à g., la *villa Saint-Georges*, descendre au boulevard Félix-Martin (*V.* ci-dessus). On pourrait encore, en remontant le boulevard des Cistes (*V.* ci-dessus) dans toute sa longueur et, après avoir croisé le *boulevard d'Alsace-Lorraine*, en prenant à dr. le vieux chemin d'Agay, se rendre (à dr. du chemin) au *cimetière*, dans lequel se trouve le *tombeau d'Alphonse Karr*, monolithe en porphyre de l'Estérel, de 4 m. de hauteur.

En montant au N., au-dessus du boulevard d'Alsace-Lorraine, à travers le quartier des *Cazeaux*, jusqu'à la *chapelle Saint-Sébastien*, on aura une très belle vue d'ensemble de Saint-Raphaël et de la baie.

PROMENADES ET EXCURSIONS

1° Parc Calvet.

25 à 30 min. E., par la route de la Nouvelle Corniche. — Voit. de place, 1 fr. 50 all. seulement; 3 fr. l'h. (2 fr. 50 la 2ᵉ h. et les suivantes).

On ne visite plus le parc, mais on peut le contourner (*très recommandé*) par le sentier de la douane, qui longe le rivage, et d'où l'on a, mieux que du parc, le panorama des superbes calanques aux fantastiques roches rouges dites *les Moines*.

2° Boulouris-sur-Mer.

4 k. E. — Jolie promenade en voit., all. par les Plaines, ret. par la route de la Corniche. ou *vice versa*; voit. de place, 3 fr. all. seulement, 5 fr. all. et ret., 6 fr. si l'on passe par le Grand Hôtel de Boulouris.

Par l'*avenue des Chèvrefeuilles*, qui s'élève à g. à l'extrémité E. du boulevard Félix-Martin et à l'origine de la route de la Corniche de l'Estérel, ou bien par le boulevard Alsace-Lorraine (*V.* p. 14) et sa continuation à l'E. le *boulevard des Plaines*, on arrive à un carrefour. A g., sur la hauteur, parmi les pins, *Boulouris Grand-Hôtel* (tarif aux *Rens. pratiques*, p. 4).

On peut rentrer à Saint-Raphaël en descendant la route qui traverse à niveau la voie ferrée à la station de Boulouris, passe devant l'hôtel Blancard, et rejoint la route de la Nouvelle Corniche, que l'on suit à droite pour arriver au boulevard Félix-Martin.

3° Agay.

10 k. E., par la route de la Nouvelle Corniche. — Voit. de place, 8 fr. all. seulement; 11 fr. all. et ret., avec 1 heure d'arrêt. — But fréquent de la promenade, avec déj. à d'Agay (bouillabaisse).

Description p. 28.

4° Anthéor.

14 k. 5 E., par la route de la Nouvelle Corniche. — Voit. de place, 12 fr. all. seulement; 15 fr. all. et ret., avec 1 h. d'arrêt. — Agréable promenade, avec déj. au Grand-Hôtel de la Corniche d'Or.

Description p. 34.

5° Valescure.

3 k. N.-N.-O. — Voit. de place, 1 fr. 50 jusqu'à la villa Mary, 3 fr. jusqu'au Grand-Hôtel de Valescure, 5 fr. all. et ret. avec 30 min. d'arrêt; tour de Valescure par Fréjus (sans arrêt), 6 fr.; la même promenade par la cathédrale et les arènes de Fréjus, 7 fr. — Dans la saison, voit. publ. de la place Carnot : 50 c.

Sortant de la ville par la *place Carnot* ou par le *boulevard de Châteaudun*, on prend la route de Valescure, qui franchit la Garonne. — Au loin, à dr., vue du cimetière (monument d'Alphonse Karr; *V.* p. 14). La route s'enfonce dans la vallée, puis gravit une petite colline couverte de pins et de chênes-liège.

1 k. 4. On croise le chemin de Fréjus à Agay (*boulevard de Suveret*), et là commence le *boulevard de Valescure*, tracé au flanc de coteaux boisés. On rencontre de nombreuses villas, parmi lesquelles on peut mentionner : *Andréa* (Angelo Mariani), l'*Ile Verte*, *Roty* (atelier), *Lei Messugos* (Bouloumié), *Marguerite* (Dr Léon Labbé; jardin d'orangers, palmiers, lauriers-roses). Au-dessus, la *villa Carvalho* s'élève à l'extrémité de l'avenue du même nom (dans le jardin, colonnes et cariatides provenant des ruines du palais des Tuileries). On traverse ensuite le *vallon du Pédégal*, limite entre Saint-Raphaël et Fréjus, sur un viaduc de 7 arches. Sur la rive dr., et en face de ce viaduc, on remarque, après avoir laissé à dr. le *boulevard des Gondins*, une *chapelle catholique* moderne (style roman; tour carrée); plus loin, un kiosque de concerts entouré d'un joli jardin; la *villa Clythia* (Dr Henry de Mussy); la *villa Saint-Dominique*; sur une émi-

nence, la monumentale *villa de lord Amherst*, reproduction d'une abbaye d'Ecosse avec une tour copiée de celle de l'ancienne église des Templiers de Saint-Raphaël; puis, à g., le *Grand-Hôtel de Valescure*, qui, avec l'*hôtel des Anglais*, le *Golf-Hôtel*, une *église anglicane* et quelques autres villas, complète la station de *Valescure* d'où l'on peut faire de belles promenades en forêt, et qui jouit, grâce à sa situation abritée et à son éloignement de la mer, d'une bonne réputation dans le monde médical et sportif (*Golf Club*) : c'est un séjour aimé des Anglais et des artistes. — *Fontaine* monumentale du sculpteur Théodore Rivière.

6° Fréjus.

3 k. 2 N.-O. par la route directe, que desservent les voit. publiques partant t. les heures de la place Carnot (25 c.), 5 k. par le Grand boulevard de Valescure (recommandé, en voit. particulière, d'aller par ce boulevard et de revenir par la route directe). — Voit. de place, 3 fr. (jusqu'aux arènes), all. et ret. 5 fr. avec 30 min. d'arrêt (insuffisant pour voir Fréjus), 7 fr. par Valescure, la cathédrale et les arènes. — On peut aussi se rendre à Fréjus par le ch. de fer P.-L.-M. ou par le ch. de fer Sud-France (mais la gare S.-F. est à 700 m. de la ville). — *N. B.* Il est intéressant d'assister à Fréjus à la célébration de la fête de Saint-Vincent-de-Paul, le 2ᵉ dimanche après Pâques.

La route directe de Fréjus part de la place Carnot et franchit la Garonne, laissant au N. la route de Valescure, par laquelle et par sa continuation, le Grand boulevard de Valescure, on aboutit à Fréjus par l'avenue de Cannes. Sur la route, *Palais d'Argent*, villa du général Gallieni (souvenirs de Madagascar; on ne visite pas).

3 k. 2 ou 5 k. (selon la route choisie). Fréjus.

FRÉJUS

HÔTEL : — *du Midi* (pet. déj. 1 fr.; déj. 2 fr. 50, dîn. 3 fr., vin compris; ch. à 1 lit, 2 fr.), rue de la Liberté, 3, près de la Gare.

LOUEUR DE VOITURES : — *Tallian*.

APPARTEMENTS MEUBLÉS : — dep. 400 fr. pour la saison. — Approvisionnement très complet; vie à bon marché.

Fréjus, V. de 4,190 hab., siège d'un évêché, est bâtie sur une petite éminence, à 20 m. env. d'altit., entre la rive g. du Reyran, éloigné de 500 m., et la mer, éloignée de 1,500 m., au-dessus d'une plaine ou « campagne » que couvrent des ruines de monuments antiques. Ses **monuments romains**, sa principale curiosité, sont, comparés à ceux d'Arles et de Nîmes, plus importants peut-être par leurs masses, mais beaucoup moins intéressants par leurs détails architectoniques : presque partout les revêtements portant moulures ou sculptures ont été enlevés : et d'ailleurs, il ne faut pas l'oublier, Fréjus fut avant tout une cité commerçante, un arsenal, un port maritime, et les influences grecques, si favorables au développement des arts, et qui

Fréjus. — Ruines de l'amphithéâtre romain.

s'exercèrent si sensiblement, à ce point de vue, sur le reste de la Provence, furent ici à peu près nulles.

Fréjus est d'origine purement romaine, et la cause de son existence est bien connue. Lorsque, en 49 av. J.-C., Jules César eut triomphé de Marseille attachée à la cause de Pompée, il voulut que la république romaine pût désormais se passer des bons offices de cette ville et posséder, sur les côtes de la Ligurie gauloise, un grand port à elle. Il prit alors une portion du territoire appartenant aux Oxybiens et y fonda, sur l'emplacement de quelques cabanes de pêcheurs, une ville nouvelle, qu'il nomma, de son nom, *Forum Julii*, « marché de Jules », d'où le nom actuel. Cette création comportait une ville, un port de commerce, un port militaire, un arsenal, et elle rendit bientôt les plus grands services, soit à César, soit à Auguste. Trois cents galères prises à la bataille d'Actium par Octave furent envoyées par le vainqueur à Fréjus en l'an 31 av. J.-C.

En 940, les Sarrasins détruisirent en partie les remparts de Fréjus, et les corsaires barbaresques vinrent promener l'incendie dans la ville en 1475; en 1536, Charles-Quint en pilla les églises et les monastères. Fréjus demeurait toutefois, au xvi⁰ s., un port assez important pour que Henri II y créât, en 1555, un siège d'amirauté. Mais, peu à peu, les atterrissements de l'Argens et du Reyran ont comblé les bassins, et auj. la ville ne communique plus avec la mer, éloignée de 1,500 m., que par un petit canal tracé à travers une plaine cultivée. L'évêché de Fréjus, fondé vers 370, a eu parmi ses titulaires illustres Jacques Duèze, devenu pape sous le nom de Jean XXII (évêque de 1299 à 1310, pape de 1316 à 1334) et le cardinal de Fleury, qui le quitta en 1715, sans en abandonner le titre, pour devenir précepteur du jeune roi Louis XV, puis premier ministre.

Fréjus a vu naître : le général romain *Agricola*, conquérant de la Grande-Bretagne, beau-père de l'historien Tacite, qui a écrit sa vie (37-93); l'abbé *Sieyès*, député aux Etats généraux, à la Convention, puis membre du Directoire (1748-1836); le chansonnier et vaudevilliste *Désaugiers* (1772-1827); le docteur *Grisolle* (1811-1869).

En sortant de la gare du P.-L.-M. sur la *rue de la Liberté* (hôtel et magasins), on a en face un escalier monumental qui se sépare en deux pour aboutir à la *place Agricola*, en terrasse soutenue par un mur restauré avec des pierres vertes de la Baume, et au fond de laquelle s'élève *l'église Saint-François de Paule* (sans caractère; nombreux ex-voto à l'autel de Saint-François, à g. de l'entrée); de cette place on a une **belle vue** sur les montagnes des Maures, le Rocher de Roquebrune et le Défends. La place Agricola domine les arènes (sur la g., à 400 m. env.); avant d'y arriver, à dr., importante fabrique de bouchons.

Les **arènes** ou ruines de l'**amphithéâtre**, qui ont été, de nos jours, l'objet d'importantes réparations, faciles à reconnaître, ont conservé une partie de leurs gradins et des arcades qui les soutenaient jusqu'à une grande hauteur. Les galeries voûtées, servant de vomitoires, existent encore en partie au rez-de-chaussée, surtout dans la section S.-E., où elles sont presque intactes; celles du 1ᵉʳ étage ont à peu près entièrement disparu. La longueur du grand axe, dirigé de l'E.-S.-E. à l'O.-N.-O., est extérieurement de 113 m. 85; celle du petit axe extérieur, de 82 m. 20; le grand axe intérieur a 67 m. 71, le petit axe intérieur 39 m. 07.

En sortant de l'amphithéâtre du côté du Reyran, à l'opposé de la ville, on trouve une fabrique de poteries artistiques très originales, à reflets métalliques.

La rue de la Liberté aboutit à la **place du Marché**, ornée du *buste du chansonnier Désaugiers*; cette place est le carrefour des artères de Fréjus : en face, la rue Sieyès conduit à la place de l'Evêché et à la cathédrale; à g., la rue Nationale commence la route de Cannes par l'Estérel; à dr., la rue Grisolle commence la route de Saint-Raphaël, et, en face, la *rue Montgolfier* (près du pensionnat Jeanne-d'Arc, restes d'un temple du IIIe ou du IVe s.), qui franchit la voie du P.-L.-M., conduit, par le *boulevard de la Mer* (à dr., station du Sud-France), à la *plage*.

Prenant, en face, la *rue Sieyès* (au n° 8, belles cariatides, du XVIIe s., à la porte d'une maison), on arrive à la *place de l'Evêché*, sur laquelle, à g., se trouve la cathédrale, dont le porche a été restauré dans le style du XVe s.

La **cathédrale**, dédiée à Notre-Dame et à Saint-Etienne (s'adresser, pour voir les vantaux de la porte principale, les stalles du chœur et le baptistère, au sacristain, qui demeure en haut de l'escalier conduisant au cloître), ressemble presque à une crypte.

Il faut, de la place de l'Evêché, au S., descendre 10 marches pour y accéder; et, du côté opposé, au N., l'aire du cloître est de 15 marches plus élevée. La porte extérieure, du XVIe s., est surmontée d'une fenêtre à croix de pierre de la même époque, éclairant une salle. Les vantaux de la porte, revêtus d'une menuiserie moderne qui, en les protégeant, les cache à tous les regards, sont de la Renaissance et richement sculptés; les bas-reliefs figurent le Mariage de la Vierge, la Naissance du Christ et l'Adoration des Mages. Au bas de l'escalier, on a en face de soi l'escalier du cloître, à g. le baptistère, à dr. la porte qui s'ouvre directement sur la cathédrale.

Le *cloître*, dont le préau et deux galeries appartiennent à des particuliers et sont inaccessibles au public, date du XIIIe s.; ses arcades en cintre brisé sont soutenues par des colonnettes accouplées, en marbre; les plafonds des galeries sont ornés de peintures du XVe s., presque complètement effacées.

Le **baptistère**, antérieur au XIe s., est une salle octogonale dont les quatre côtés obliques sont profondément creusés en absides comme dans certaines salles des thermes romains; aux angles s'appuient huit colonnes en marbres ou granits divers, et provenant, ainsi que leurs chapiteaux en marbre blanc, d'un édifice antique.

La cathédrale proprement dite se compose d'une nef principale, sombre et peu élevée, du XIIe s., que longe à g. un large collatéral du XIe s. qui paraît avoir constitué pendant quelque temps, avec son absidiole, toute l'église.

L'abside principale, du XIIe s., a peu de caractère; mais la grande voûte est curieuse par ses croisées d'ogives d'aspect tout à fait rudimentaire. Les stalles sont partie du XVIIIe s. et partie du XVIe s.; ces dernières sont richement sculptées dans le style gothique. A g. de l'entrée du chœur est appendu au mur un grand tableau sur bois à compartiments du XVe ou du XVIe s. A l'entrée de l'absidiole latérale sont les sarcophages, avec statues couchées, de deux évêques de Fréjus : à g., Guillaume de Ruffec (1361-1364) et, à dr., Louis de Bouillac (1385-1405). Deux autres évêques, les de Camelin, oncle et neveu (1599-1637 et 1637-1654), sont représentés agenouillés à l'entrée du bas-côté, dans de riches enfeux dont le style, malgré leur date, est encore celui de la Renaissance.

La cathédrale est dominée par deux tours carrées, bâties de grand appareil et en partie avec des débris romains ; l'une est couronnée par un étage octogonal sans caractère. Ces tours, sortes de donjons, sont reliées aux bâtiments en partie romans de l'ancien *évêché*, qui a été en majeure partie reconstruit de 1823 à 1829. Son aspect est celui d'une grande maison moderne sans intérêt, du côté de la place à laquelle il a donné son nom ; mais les murs de l'ancien évêché peuvent se voir encore du côté de la ruelle qui longe le palais à l'E. L'évêché est séparé de la place par un mur où sont encastrés des débris d'architecture antique. Contre ce mur, une belle statue de femme, en marbre, qui ornait, avec trois autres, le tombeau du comte de Valbelle à la chartreuse de Montrieux, tient un vase d'où l'eau jaillit dans une vasque.

Dans les rues au S. de l'évêché et de la cathédrale, on voit quelques débris des *tours d'enceinte* et des *remparts* du moyen âge.

De la place de l'Évêché, la *rue Reynaude* conduit, à l'extrémité N.-E. de la ville, au **Cours** ou *place P.-Vernet*, terrasse portant le *monument du Dr Grisolle* et une *fontaine* à vasques alimentée par la Siagnole ; cette terrasse offre une vue superbe sur Saint-Raphaël, la mer et l'Estérel. Le Cours s'ouvre au haut de la *rue Nationale*, que l'on pourra suivre à dr., ainsi que son prolongement, *l'avenue de Cannes*, pour voir les restes de l'aqueduc et du théâtre romains, à g., sur la route de l'Estérel, en deçà de l'embranchement à dr. du *Grand boulevard de Valescure*, qui conduit à Valescure (*V.* p. 15). A 600 m. à dr., sur l'avenue de Cannes, *usine de la Société des Parfums du Littoral* ; à 500 m. env. à g., en face le boulevard de Valescure, s'élèvent deux usines, la première de lièges agglomérés, la seconde de tuiles et briques très prisées.

L'aqueduc (on le découvre à g., avant d'arriver en vue du théâtre) se détache des remparts, près de la *porte Romaine*, et suit la rive g. du Reyran.

Le canal, porté sur 87 arcades (les plus hautes piles étaient étayées par des contreforts), dont plusieurs sont debout, allait d'abord se cacher dans une colline rocheuse, puis reparaissait soutenu par des piles et des arcades généralement moins élevées, qui prennent successivement divers noms : *arcs Serraillier* ; *arcs Bérenguier* ; *arcs* (fort beaux) *de Gargalon* ; *arcs Bouteillière* (les plus hauts et les mieux conservés, à 4 k. de Fréjus ; restes de bas-relief sur la clef de voûte), suivis d'une arcade biaise ; *arcs Escoffier* (ici l'aqueduc est double et forme deux aqueducs distincts ayant chacun ses arcades); *arcs Séneguier* (aqueduc double); *arcs de Grizolle*; *arcs de Bozuo*; *arcs de la Mine*; *arcs d'Esquine*; *arc de Jaumin*, etc. Le développement total de cet aqueduc est de 50 k. ; il amenait à Fréjus les eaux de la Siagnole, prises près du village de Mons. Il est construit en pierres de petit appareil, sans aucun ornement; l'intervalle entre les cintres n'est presque jamais uniforme; enfin, suivant les inégalités du sol, il est souterrain ou supporté par une et quelquefois par deux rangées d'arcades. L'un des fragments les plus intéressants de l'aqueduc est celui qui se trouve aux portes mêmes de la ville : ses piliers massifs, revêtus de lierre et d'autres plantes grimpantes, s'élèvent à la hauteur de 18 m.

Le **théâtre** offre d'assez importants débris de son hémicycle et de ses gradins. Le grand diamètre avait 72 m., le petit, 30 m.

Revenant sur ses pas, on descend toute la rue Nationale, sur laquelle on trouve successivement, à g., au delà de l'ouverture en retrait du Cours, l'*Hôtel-Dieu*, l'*hôtel de ville* (au rez-de-chaussée, loge du concierge, encastrée dans un vieux mur, magnifique plaque en marbre de Carrare, provenant de la sépulture de la famille de Valbelle, à l'ancienne chartreuse de Montrieux), le bureau de *poste* et de *télégraphe* et le **Musée municipal** (s'adr., pour visiter, au concierge de l'hôtel de ville).

Le Musée est riche en débris gallo-romains et surtout en inscriptions tumuaires, dont quelques-unes sont écrites en grec et dont un grand nombre sont remarquables par leur style ou par la délicatesse des sentiments qu'elles expriment. Parmi les sculptures est une tête en marbre de Jupiter, d'un très beau caractère. On remarquera aussi le tombeau de Pesconnius, don de M. Hall, découvert en 1894. — Médailles.

Revenu à la place du Marché (*V.* ci-dessus), on peut regagner à dr., par la rue de la Liberté, la gare du P.-L.-M.

Si l'on se rend à Saint-Raphaël, on prendra à g. la *rue Grisolle*, et l'on passera à l'angle S.-E. des remparts du moyen âge, près de la *porte Dorée* ou mieux *d'Orée* ou *de l'Aure* (du bord de la mer; restaurée en partie), située au milieu des restes d'édifices dont la plupart, attenant aux remparts romains, offrent des niches demi-circulaires.

Les **remparts** de la ville antique, cinq fois plus grande que la ville actuelle, offrent des restes du plus haut intérêt.

Ils aboutissent, à l'O., à l'amphithéâtre; de l'amphithéâtre, se dirigeant vers le S.-E., ils servent d'appui à un petit édifice. Près de la station se trouve la *porte des Gaules*, percée dans une demi-lune flanquée de deux tours. En cet endroit, les murs ont conservé leur chemin de ronde; mais les claveaux formant le cintre de la porte ont été arrachés. Au S., le mur d'enceinte forme un ouvrage avancé, appelé la *butte Saint-Antoine*, flanqué de trois tours cylindriques, dont une est assez élevée, et servant d'appui à diverses constructions. De cette butte se détache, vers l'E., un mur qui fermait l'ancien port, et contre lequel s'appuie, entre autres constructions, une tour octogonale avec pyramide en pierre, appelée la *Lanterne d'Auguste* (elle servait sans doute de phare). Au N. de ce mur, à côté du port romain, traversé auj. par le chemin de fer, se voient d'autres murailles. A l'extrémité E. de l'enceinte, les remparts sont soutenus par des contreforts; dans le sol intérieur se voient des *salles voûtées* (l'une d'elles forme un carré divisé en trois parties par trois voûtes en berceau coupées en quatre travées par des arcades plus basses). Au N. d'une seconde plate-forme qui fait suite à cette terrasse se voient les débris de la *porte de Rome* (un seul jambage, surmonté d'une croix en bois). A cet endroit, au milieu d'un massif confus de murailles, l'aqueduc vient se joindre aux remparts, qui portent le canal sur une partie de leur front N. De ce côté sont trois tours demi-circulaires, dont une assez bien conservée et fort intéressante. Le chemin du Reyran longe, près des remparts, deux murs assez élevés.

Nous signalerons, en outre : au S. de la ville, à 250 ou 300 m. du canal du Béal, près de la ferme Meynard (ancienne ferme de Villeneuve), une construction octogonale à l'extérieur, circulaire à l'intérieur, et que l'on croit être une dépendance des anciens bains romains. C'est de ce côté, dans les vastes prairies qui vont de Fréjus à la mer et aux collines, qu'ont été trouvés un grand nombre de tombeaux antiques très bien conservés.

[Excurs. intéressante à (18 k. N.-O.; voit. publique, 1 fr. 25; voit. particulière, 30 fr. all. et ret. prise à Saint-Raphaël) *Bagnols* (hôt. *du Commerce*) d'où l'on peut, avec un guide (assez pénible; peu de sentiers; quand les eaux sont basses, on descend dans le lit de la rivière), consacrer une journée à l'exploration de la très curieuse **gorge du Blavet**, profonde coupure entaillée dans les porphyres, qui sépare le *Défends* (417 m.) de la *Colle du Rouet* (561 m.). — En quittant Fréjus, on franchit le Reyran, et, à 200 m. env. du pont, on quitte la route d'Italie pour prendre la route de Bagnols ou route de la Montagne, qui, 300 m. plus loin, traverse de très beaux peuplements de pins parasols, puis s'élève en lacets sur les flancs du Défends pour descendre ensuite sous la *Cime de la Gardiette* et remonter à Bagnols (292 m.). Dans le milieu du trajet entre Fréjus et Bagnols, on trouve une espèce de cistes à grandes fleurs blanches ou tachetées de plaques brunes, qui n'existe que sur ce point très limité. C'est une fleur de toute beauté. — Fréjus est relié directement à l'Estérel par la route de la maison forestière de la Louve (*V.* p. 61).

De Fréjus à Cannes, par l'auberge des Adrets, V. p. 49.]

7° **Vallée des Lauriers-Roses.**

4 k. N.-E. — Chemins de piétons (surtout intéressant au mois de juin, époque de la floraison des lauriers-roses).

On suit la route de Valescure jusqu'au delà du pont sur la Garonne (*V.* p. 15) et l'on prend, à dr., un petit chemin qui suit le fond de la vallée. Ce chemin, après un trajet de 400 m., emprunte, sur 200 m., le tracé de la voie Aurélienne, puis atteint le *vallon de Coste*, qu'il franchit. Au bout de 600 m., la vallée se rétrécit et, à partir de la ferme de *la Simone*, on commence à trouver les lauriers-roses, qui croissent en abondance dans le lit du ravin. Si l'on ne veut pas revenir par le même chemin, on peut, tournant à g., 1,200 m. plus loin, atteindre la *ferme du Grand-Gondin* (source), d'où un chemin charretier va rejoindre, à l'*oratoire de Guérin*, le boulevard de Suveret (*V.* p. 15), par lequel on redescendra à Saint-Raphaël (course totale, 3 h. 30 env.).

8° Excursions dans les Maures.

De Saint-Raphaël on peut faire de délicieuses excursions dans le **massif des Maures**, dont le littoral est desservi par le ch. de fer Sud-France, ligne de Saint-Raphaël à Hyères, et particulièrement les suivantes :

a. Saint-Aygulf (ch. de fer S.-F.; voit. de place, 10 fr.; all. et ret., avec 1 h. d'arrêt, 12 fr.);

b. La Gaillarde (ch. de fer S.-F.; voit. de place, 15 fr.; all. et ret., avec 1 h. d'arrêt, 18 fr.);

c. Sainte-Maxime (ch. de fer S.-F.; voit. de place all. et ret., pour la journée, 30 fr.);

d. Saint-Tropez (ch. de fer S.-F.; changer de train à *la Foux*);

e. La Croix-de-Cavalaire, Pardigon et Cavalaire (ch. de fer S.-F.);

f. La Chartreuse de la Verne (ch. de fer S.-F. de Saint-Raphaël à *Cogolin*, en changeant de train à la Foux; de Cogolin, avec une voit. commandée d'avance au loueur Péglion — 30 fr. — on se rend, par *la Mole*, à la ferme de Pertuade, d'où l'on monte à pied, en 1 h., à la chartreuse ruinée);

g. Roquebrune, la chapelle de N.-D. de la Roquette, le Saint-Trou et le Jeu de Ballon (ch. de fer P.-L.-M. pour Roquebrune, où on loue une voit. à l'hôt. du Nord; la traversée du Saint-Trou n'est pas commode, surtout pour les personnes un peu fortes).

Pour la description de ces sites et localités, *V.* le guide *Provence* ou la monographie *Toulon, Hyères et la côte des Maures* (sauf pour l'excurs. *g,* qui ne figure que dans le guide *Provence*).

9° Excursions dans l'Estérel.

Pour les hôtes de Saint-Raphaël, le **massif de l'Estérel**, auquel nous consacrons ci-après un chapitre spécial, est un champ d'excursions d'une infinie variété. En automobile, en voiture, à bicyclette, à pied, on peut y faire des courses ravissantes.

Les décrire par le menu serait fastidieux; grâce aux poteaux dont les routes, chemins et sentiers forestiers de l'Estérel sont jalonnés, et surtout avec l'aide de la carte dressée par MM. E.-A. Martel et Pierre Boissaye pour le Touring-Club de France, et dont deux réductions vérifiées et mises à jour par M. Boissaye sont annexées à cette monographie par la bienveillante autorisation du Touring-Club, les touristes peuvent circuler aisément partout dans l'Estérel, à l'intérieur aussi bien que sur la côte. — La carte du Touring-Club, à l'échelle du 1/20.000°, se vend 3 fr. en pochette, 5 fr. sur toile, 2 fr. 75 et 4 fr. 25 franco pour les sociétaires, contre mandat adressé à M. le Secrétaire général du T.-C. F., avenue de la Grande-Armée, 65, à Paris.

Pour les courses à pied, les deux points de départ principaux sont la **maison forestière du Gratadis** (3 k. 5 de la gare d'Agay), et surtout le **Trayas** (gare de la ligne de Saint-Raphaël à Cannes), situé au cœur des plus belles parties du massif.

Agay et le Trayas sont pourvus d'hôtels-pensions confortables;

en outre, le service des trains est assuré de telle façon qu'on peut, tout en résidant à Saint-Raphaël, gagner ces points de départ par le ch. de fer et en revenir de même, après avoir excursionné tout ou partie de la journée (il faudra généralement emporter le déjeuner).

Pour les courses en voiture dans l'Estérel, Saint-Raphaël est un bon point de départ. On trouvera aux *Rens. pratiques* (p. 6) une liste d'excursions tarifées par la municipalité de Saint-Raphaël et qui comprennent les principales curiosités de l'Estérel; de ces excurs. la plus souvent faite est celle du Vinaigre par le Malpey (*V.* p. 60) ou la Duchesse (*V.* p. 54). Les routes du Malpey et de la Duchesse sont, avec la route de la Nouvelle-Corniche (*V.* p. 28), qu'il est indispensable de parcourir de Saint-Raphaël à Théoule (où l'on prendra le train soit pour revenir sur Saint-Raphaël, soit pour continuer sur Cannes et Nice), à peu près les seules qui soient bien connues par tous les cochers de Saint-Raphaël. En dehors de ces itinéraires déjà anciens et classiques, il y a beaucoup d'autres chemins carrossables extrêmement intéressants, mais pour lesquels il faut se garder de s'adresser à n'importe quel loueur; pour parcourir ces routes il faut de bons chevaux habitués aux routes forestières accidentées et étroites, parfois coupées ou encombrées de pierres éboulées, un cocher connaissant à fond le massif et extrêmement prudent; nous recommandons sans réserve le loueur *Paul Séquier fils*, de Saint-Raphaël, qui s'engage à conduire les touristes dans tout l'Estérel, en toute sécurité, dans de bonnes voitures bien suspendues, victorias et landaus, à raison de 30 fr. par jour et par voiture à 2 chevaux et 4 places.

Nous donnons ci-après trois itinéraires, dont chacun demande une journée, et qui offrent les aspects les plus divers de l'Estérel, hauteurs et vallons, intérieur et littoral; les touristes qui, par beau temps, consacreront à l'Estérel ces trois journées en voiture, auront une idée très complète de cette magnifique région.

1re *journée.* — *Promenade dite des cols* (emporter le déjeuner): Agay-Gratadis-Sainte-Baume-col Lévêque-col des Lentisques-col Notre-Dame-col des Trois-Termes (déj. à la maison forestière des vivres emportés), retour par le col du Mistral, le Gratadis et Agay.

2a *journée.* — *De Saint-Raphaël au Trayas* : aller par Agay, le Gratadis et Saint-Barthélemy; déj. à l'hôtel au Trayas; retour par le col Lévêque, le Gratadis, Agay.

3e *journée.* — De Saint-Raphaël au Malpey et à la maison forestière de la Duchesse (monter à pied au Vinaigre du Malpey ou de la Duchesse); déj. à la Duchesse des vivres emportés; retour par la route du Gabre de Gourin, le Perthus et Agay.

Une **4e** *journée* pourrait être consacrée à l'itinéraire suivant (emporter le déjeuner) : Colle-Douce-Castelli-pont de la Cabre-Colle Noire-Roussivau-Perthus, remonter le Pigeonnier-Aire de l'Olivier (d'où l'on peut monter au Vinaigre), descente sur les Malvalettes-Colle Noire-pont de la Cabre-carrefour de Castelli, revenir par le gué de la Cabre et la ferme du Grenouiller à Agay et de là à Saint-Raphaël.

Vue prise dans l'Estérel

On voit par ce qui précède que les véritables points de départ, pour ces courses en voiture, sont **Agay et le Trayas**; les personnes installées aux hôtels de ces deux centres y trouveront des voit. d'excursions, et, d'Agay, auront en moins à parcourir 20 k., 10 k. à l'aller et 10 k. au retour. On peut tout aussi bien se faire prendre par Paul Séquier aux hôtels d'Agay que partir de Saint-Raphaël.

Les mêmes promenades en voiture peuvent également se faire de Boulouris (le *Boulouris Grand Hotel*, relié par le téléphone à Saint-Raphaël, fait venir des voit. au gré de ses clients; le tarif est le même que celui de Saint-Raphaël).

Fréjus, directement relié à l'Estérel par la route de la maison forestière de la Louve, est aussi un point de départ possible; on y trouve des voitures à prix modérés.

Enfin, nous tenons à faire remarquer que le Trayas est par excellence le point de départ des promenades pédestres ou à mulet; ses hôtels ont, durant la saison, des mulets et des ânes à la disposition des touristes (tarif, p. 36).

L'ESTÉREL

L'Estérel est un massif isolé de roches éruptives, culminant à 616 m. au Mont Vinaigre, entourées au N. de ramifications des Alpes calcaires et plongeant au S. dans la Méditerranée en énormes blocs de porphyre rouge qui s'effilent en nombreux promontoires prolongés par des bancs de roches, les unes à fleur d'eau, les autres sous-marines; à l'O. ses pentes descendent sur la plaine alluvionnaire de Fréjus, qui sépare l'Estérel d'un autre massif de roches primitives, celui des Maures, tandis qu'à l'E. elles tombent sur la plaine alluvionnaire de la Siagne, au delà de laquelle se dressent les hauteurs de Cannes. Le gros du massif est occupé par une forêt domaniale (le pin maritime entre pour 60 0/0 dans son peuplement), dans laquelle l'administration forestière, sous l'impulsion et la direction de M. l'inspecteur Muterse, a percé un grand nombre de routes et d'excellents sentiers qui permettent de parcourir l'Estérel dans tous les sens. Ces routes et sentiers ont été, sur l'initiative des délégués du Touring-Club de France à Saint-Raphaël, jalonnés aux principaux carrefours de plaques indicatrices peintes en blanc sur fond bleu, indiquant les directions à suivre, et de plaques blanches avec inscription en noir, qui désignent le nom de l'endroit où elles ont été placées, et grâce auxquelles les promeneurs ne risquent pas de s'égarer; *mais les plaques n'indiquent pas toujours le chemin le plus court.*

La route nationale de Paris à Antibes traverse (section de Fréjus à Cannes) l'intérieur du massif; elle en délimite même au N. la fraction tapissée de la forêt domaniale et qui constitue l'Estérel proprement dit, et c'est entre cette route et le rivage de la mer que s'étend la zone de promenades et d'ascensions qui mérite, par ses beautés naturelles, le nom de parc national.

La côte, d'une incomparable beauté, est desservie par le P.-L.-M. et longée par une splendide route nationale, due à l'initiative du Touring-Club de France, et dite **route de la Corniche de l'Estérel, de la Nouvelle Corniche, ou de la Corniche d'Or.**

AUTO-CYCLISME. — Avec la bicyclette on passe partout dans l'Estérel; les automobiles peuvent circuler: — sur la route nationale de Fréjus à Cannes par les Adrets; — sur la route de la Corniche; — sur la route forestière, étroite et très accidentée, d'Agay à Cannes par le Gratadis et les Trois-Termes, route au merveilleux tracé empruntant la ligne de crêtes, mais où il faut des précautions, et sur la route forestière très agréable d'Agay au Trayas par le col Lévêque. En principe, il faut, pour circuler sur ces deux dernières routes, une autorisation de l'administration forestière, qui tolère cependant sans formalités d'aucune sorte les voitures légères et les automobiles.

N. B. — Il est expressément interdit d'allumer du feu dans les forêts de France (article 148 du Code forestier, qui prévoit une amende de 20 à 100 fr., sans préjudice des peines édictées par le Code pénal et de tous dommages-intérêts, s'il y a lieu). Dans l'Estérel, le danger d'incendie est toujours grand, même en hiver; l'application de l'article 148 ne souffre aucune tolérance. — Les fumeurs doivent prendre toutes les précautions nécessaires et éviter l'usage des allumettes dites « tisons », qui sont de véritables petits appareils incendiaires.

1º DE SAINT-RAPHAEL A CANNES

A. Par la voie ferrée.

32 k. — Ch. de fer en 28 à 56 min.; 3 fr. 70, 2 fr. 50, 1 fr. 65. — *Superbe trajet*; se placer à dr.

La voie ferrée quitte le rivage pour traverser des bois de pins. A dr., de belles villas blotties au milieu des arbres cachent la vue de la mer.

3 k. Boulouris-sur-Mer (p. 14). — Après avoir franchi le torrent de Boulouris, la voie passe au pied de la cime conique qui porte le sémaphore et la tour Dramont.

8 k. Agay (*V.* p. 28). — La voie franchit la rivière d'Agay sur un pont métallique, pénètre dans un tunnel, passe sur le *viaduc d'Anthéor* (9 arches), jeté sur la petite vallée du même nom, serpente au pied des splendides escarpements du cap Roux, passe près de la *grotte de Saint-Barthélemy* (au-dessus de la voie, à g.), creusée dans le beau *Roc Saint-Barthélemy* et, le cap Roux contourné, pénètre dans des tranchées rocheuses, puis dans le *tunnel de Maubois* (135 m.).

18 k. Le Trayas (*V.* p. 36). — Au delà d'un petit tunnel, suivi d'une tranchée, la voie passe au-dessus de la route de la Corniche et de la mer sur le *pont Notre-Dame*, puis pénètre dans le *tunnel des Saoumes* (810 m.) et contourne l'anse de Théoule.

23 k. Théoule (*V.* p. 48). — La voie franchit, sur le grand *viaduc de la Rague*, le vallon de ce nom, et continue de courir, non loin de la côte, à la base des collines boisées de l'Estérel.

26 k. La Napoule (*V.* p. 48). — Contournant le beau *golfe de la Napoule*, la voie franchit l'Argentière, puis la Siagne.

29 k. La Bocca : embranchement (à g.) de la ligne de Grasse. — On passe sous une partie de Cannes dans un tunnel de 95 m.

32 k. Cannes (*V.* la monographie *Cannes*).

B. Par la route de la Corniche de l'Estérel.

43 k. (du quai du port de Saint-Raphaël à la mairie de Cannes); 4 h.
à 4 h. 30 en voit. particulière. — Trajet **merveilleux de Saint-Raphaël à
Théoule** (30 k. 9): le loueur *Paul Séquier fils*, de Saint-Raphaël, fournit de
bonnes voit. au tarif suivant : *Théoule, all. seulement,* 35 fr.; *all. et ret.,*
45 fr., *par la Corniche; Théoule par Saint-Barthélemy et le Trayas,* ou
par le col des Lentisques et le Malinfernet (traj. très recommandé aux
touristes qui, disposant d'une seule journée, voudraient avoir à la fois
une idée de la côte et de l'intérieur du massif), 45 fr. (sans retour; on
revient de Théoule à Saint-Raphaël ou l'on continue sur Cannes et Nice
par le ch. de fer). — Dans la saison d'hiver, **services publics d'automobiles** (s'informer des jours à l'agence Lubin, à Nice) de Nice à Saint-
Raphaël et retour, aller par Cannes, la Corniche de l'Estérel et Agay
(déj. au Grand-Hôtel), ret. par Fréjus, la route intérieure de l'Estérel,
les Adrets et Cannes; dép. de Nice à 9 h. mat., ret. à 5 h. 30 s.; prix
25 fr. par place; billets à l'agence Lubin, avenue Masséna, 14, à Nice.

La route de la Corniche de l'Estérel, due à l'initiative du Touring-Club
de France, a été faite en moins de deux années (août 1901-février 1903),
avec la participation de l'État, des départements du Var et des Alpes-
Maritimes, des communes traversées (Saint-Raphaël et Mandelieu), du
ch. de fer P.-L.-M. et de particuliers. La dépense a été de 560,000 fr.
environ, dont 230,000 fr. fournis par l'Etat, 120,000 fr. par le Touring-Club,
le surplus par les départements, les communes et des souscriptions particulières. Taillée dans le porphyre, franchissant de nombreux ravins,
côtoyant la voie ferrée, passant sur celle-ci en sept points, elle a néces-
sité de nombreux travaux d'art et fait le plus grand honneur aux ingé-
nieurs : pour le Var, MM. Périer, ingénieur en chef, et Thérel, ingénieur
ordinaire; pour les Alpes-Maritimes, MM. Aubé, inspecteur général hono-
raire, Imbert, ingénieur en chef, et Pellegrin, sous-ingénieur. La largeur
normale de 10 m., réduite à 6 m. dans certaines parties, n'est nulle part
inférieure à 5 m.; les rampes maxima n'atteignent pas 5 0/0.
La route de la Corniche de l'Estérel a été inaugurée le 11 avril 1903
par M. E. Maruéjouls, ministre des Travaux publics.

La route, continuation du boulevard Félix-Martin par le boulevard du Touring-Club, longe d'abord le rivage de la mer, puis
en est séparée par des villas et, véritable allée de parc, court à
travers les pins, dessert Boulouris-sur-Mer (*V.* p. 14), puis se
rapproche de la voie ferrée, au delà de laquelle le ham. et les
importantes carrières (pavés de porphyre bleu) du *Dramont* (voit.
publ. pour Saint-Raphaël) jettent un instant une note industrielle sur le paysage. — La route contourne le magnifique piton
boisé du Dramont, couronné par le sémaphore d'Agay et pro-
longé en mer par *l'île d'Or*, et passe entre les villas d'Agay : à
g., *villa Lysis* (Maurice Donnay); à dr., *villa Claudine* (Polaire).
On monte au Grand Hôtel d'Agay.

AGAY

Hôtels : — *Grand Hôtel d'Agay* (ouvert toute l'année; pet. déj., 1 fr.;
déj. ou dîn. 3 fr., vin compris, servis à part; ch. de 2 à 6 fr.; pens. 7 fr. 50
à 9 fr. par j. en été, 8 à 10 fr. en hiver; réserve de poissons; bouillabaisse;

bains d'eau douce et d'eau de mer; garage avec fosse; essence; voit. pour excurs.; adr. télégr. : *Mathieu-Agay-gare-restant*), près de la gare; — *des Rochers-Rouges* (confort moderne; asc.; chauffage central; garage; rest.), v. Vallon; — *du Petit-Paradis*; — *de la Plage.*

Tarif des courses en voiture (Grand Hôtel d'Agay) : — Boulouris (15 min. d'arrêt), 6 fr.; — Saint-Raphaël (30 min. d'arrêt), 10 fr.; — Fréjus ou Valescure (1 h. d'arrêt), 15 fr.; — Anthéor (hôtel; sans arrêt), 5 fr.; — Viaduc d'Anthéor, 6 fr.; — le Trayas, par la route de la Corniche, 15 fr.; — Pointe de l'Esquillon, 20 fr.; — Théoule, 25 fr.; — la Napoule, 30 fr.; — Cannes, 40 fr. si l'on part avant 9 h. mat. (3 h. d'arrêt, rentrée le soir), 50 fr. si l'on part après 9 h. (coucher à Cannes). — Courses en voiture à l'intérieur de l'Estérel : — Malinfernet (Pas de l'Ecureuil), 12 fr.; — Sainte-Baume (la fontaine), 20 fr.; — Malinfernet, col des Lentisques, ret. par la Sainte-Baume, 20 fr.; — Malinfernet, col des Lentisques, le Trayas, ret. par la Corniche, 25 fr.; — Sainte-Baume, col Lévêque, ret. par l'autre côté de la vallée, 18 fr.; — Sainte-Baume, col Lévêque, le Trayas, ret. par la Corniche, 20 fr.; — Saint-Barthélemy (Cap Roux), le Trayas, ret. par la Corniche, 20 fr.; — les Trois-Termes : ret. par la même route, 18 fr.; ret. par les cols Notre-Dame et des Lentisques, 25 fr.; ret. par la Napoule et la Corniche, 35 fr.; — le Perthus, ret. par la même route, 12 fr.; — le Pigeonnier, ret. par la même route, 15 fr.; — le Malpey (3 h. d'arrêt), l'Aire de l'Olivier, 25 fr.; — le Malpey (3 h. d'arrêt), 1 Aire de l'Olivier, ret. par Valescure, 30 fr.; — les Adrets (3 h. d'arrêt) par le Malpey, ret. même route, 30 fr.; — les Adrets (3 h. d'arrêt) par le Malpey, ret. par Saint-Raphaël, 35 fr.; — la Duchesse (3 h. d'arrêt) par l'Aire de l'Olivier, ret. par les Trois-Termes, 35 fr.

Villas : — à vendre ou à louer, meublées ou non meublées; s'adr. à *Perreymond fils*, entrepreneur.

Excellente eau potable de la Siagnole, prolongement de la canalisation de Saint-Raphaël; boulangerie, épicerie et comestibles; café et débit de tabac; fournitures pour navires.

Agay ou *Agay-Estérel*, probablement le *Portus Agathonis* de l'Itinéraire d'Antonin, charmante station hivernale et de bains de mer, et très bon centre d'excursions dans l'Estérel, est situé à l'embouchure de la rivière d'Agay, dont la vallée est remontée par la route de la maison forestière du Gratadis, d'où rayonnent une quantité de chemins et de sentiers qui conduisent dans les recoins les plus délicieux du massif domanial. Agay possède une *rade de refuge* (plus de 100 hect.; 25 m. de profond. maximum) très fréquentée, et dont l'entrée est signalée par un feu d'horizon à deux secteurs, rouge et blanc, et à occultations régulières toutes les 4 secondes (*phare de la Baumette*).

La rade d'Agay est dominée à l'E. par les beaux rochers du *Rastel d'Agay* (309 m.). « Le Rastel d'Agay, sorte de roches dentelées, tourmentées, d'un rouge rutilant sous la lumière éblouissante du soleil du Midi, forme une barrière élevée entre la plaine d'Agay et la rade foraine. L'extrémité du Rastel est striée, rugueuse; l'ensemble donne l'idée d'un gigantesque ruban de scie aux dents irrégulières et profondes; l'aspect en est étrange. » (Guy de Maupassant.)

[*Promenades et excursions* : — 1° (10 min. N.) *château du Castellas*, blotti dans les fougères, les lauriers-roses, les platanes, les érables et es eucalyptus (à 500 m., aux *Ferrières*, minerai de fer, jadis exploité, quartz; plus loin, carrières exploitées par les Romains); on peut, le plus souvent, quand il y a peu d'eau dans la rivière d'Agay, la remonter à pied jusqu'au (3 k.) gué de la coquette ferme du Grenouiller et revenir par le (4 k.) Gratadis à (7 k.) Agay; — **2°** (1 h. 50 all. et ret.; au S.-O.; *recommandé*) **sémaphore d'Agay**, pittoresquement perché sur un promontoire de 140 m., qui commande l'entrée O. de la rade, et, à côté du sémaphore, la vieille *tour du Dramont* ou *d'Armont*, qui servit, dit-on, de refuge à Jeanne de Provence pendant une révolte de ses sujets; on peut descendre du sémaphore par un petit sentier qui contourne la colline à l'O. et tombe sur la route nationale, à côté des carrières de porphyre; — **3°** (2 h. 10 N.-E.; route forestière carrossable; *très recommandé*) **Malinfernet** (au carrefour de Belle-Barbe, on prend à dr.), le clou des beautés pittoresques de l'Estérel, étroit défilé où le torrent roule dans un dédale de blocs, au pied d'une muraille de rochers affectant les formes les plus fantastiques; partout les pins s'accrochent aux anfractuosités du roc, et de la muraille se détachent des blocs retenus à la masse par un prodige d'équilibre, effilés, ténus, bizarres, semblables à une rangée de fantômes de pierre penchés sur l'abîme; on peut retourner par le Gratadis (2 h. en plus) ou par le col Lévêque (1 h. 30 en plus), par les deux routes qui longent le vallon de l'Hubac et le vallon du Gravier et en revenant par celle qui passe au pied de la Sainte-Baume; — **4°** (2 h. 30 par la route, 2 h. par les sentiers; à l'E.) **grotte de la Sainte-Baume**. Devant la grotte, une petite terrasse (croix en bois) offre une très belle vue; — **5°** (à l'E.-S.-E.; 3 h. 15 par le sentier qui part du fond du Gravier, à 10 min. de la maison forestière du Gratadis; ascens. facile, recommandée aux dames) **Grand-Pic du Cap Roux** (453 m.; signal; table d'orientation du T.-C. F.). Vue superbe, la plus belle de tout l'Estérel (plus dégagée que celle du Vinaigre), s'étendant de Nice aux montagnes de Toulon, et, en arrière, jusqu'aux Alpes neigeuses de la frontière italienne; en face, le cap Roux se profile, rouge et déchiqueté, dans la mer; — **6°** (au N.-E.; 5 h. 30 à pied; *très recommandé*) Gratadis, Malinfernet, *ravins de l'Uzel* (grotte de l'Uzel), *Dent de l'Ours* (très belle vue), *col Notre-Dame* et le Trayas (*V.* ci-dessous); — **7°** Mont Vinaigre (au N.-N.-E.; *V.* p. 57).

8° D'Agay au Trayas, par la Sainte-Baume et le col Lévêque (12 k. 3; route carrossable). — 3 k. 5. Maison du Gratadis (*V.* p. 42). — Passant sous la route du col de Belle-Barbe, on traverse à gué (pavé) la rivière d'Agay, puis on s'élève à dr. On passe devant l'oratoire Saint-Honorat, puis devant une fontaine, et on arrive à une maison-refuge où il faut descendre de voit. si l'on veut visiter la grotte de la Sainte-Baume (*V.* p. 38, ou monter au Grand-Pic du Cap Roux. — La route, tracée dans les pins, monte au *col Lévêque* (169 m.), puis contourne le Pic d'Aurèle. — 12 k. 320. Le Trayas (*V.* p. 36).

9° D'Agay à Cannes, par les Trois-Termes (29 k.; route forestière très accidentée, qui suit la ligne de crêtes centrale de l'Estérel; conduire prudemment; *magnifique trajet*). — 3 k. 5. Maison forestière du Gratadis. — Laissant à dr. la route du Trayas, la route monte au *carrefour de Belle-Barbe*; on laisse à dr. la route du Malinfernet, on passe sur le *pont du Gratadis*, et, avant d'arriver au pont du Perthus, on prend à dr. la route des crêtes jusqu'à la *Baisse de Suvières*; ensuite on prend à dr. et on arrive à (14 k.) la *maison forestière des Trois-Termes*. La route, qui s'élève jusqu'à 300 m. d'alt., offre sur tout le parcours de remarquables Panoramas, très étendus.

De la maison des Trois-Termes (fontaine; *roc troué*), on descend, en traversant la forêt, sur (18 k.) la route nationale, que l'on rejoint à 11 k. de Cannes (*V.* p. 50).

10° D'Agay à la vallée de la Cabre, Roussivau, la vallée du Perthus, le Pigeonnier, retour par les Vaches, le Baladou et la maison forestière du Gratadis (6 h. de marche; excurs. un peu longue, mais très intéressante et recommandée).

25 min. Avant d'arriver au Gratadis (*V.* ci-dessus), on trouve une passerelle que l'on franchit pour rejoindre le sentier de la Cabre. On traverse des champs, puis *le Grenouiller* (ferme à dr.; château à g.). Le sentier (fil téléphonique à g.) contourne le château (chemin de chars) et suit la rive g. de la Cabre jusqu'au *vallon du Perthus*. On traverse deux fois la Cabre, torrent qui est généralement à sec, en laissant à g. un chemin qui, par le *ravin du Pommier*, conduit en 2 h. à Saint-Raphaël.

1 h. On suit alors un chemin charretier, le plus à dr., tout à fait sur la rive dr. du ravin du Perthus; de l'autre côté, route des Trois-Termes. La menthe abonde dans cette partie de la forêt. Le ravin est dominé par des roches surplombantes; au fond, en face, se dressent les grands rochers rouges, se détachant admirablement sur le vert des pins, du *Perthus Occidental* et du *Perthus Oriental*, qui étranglent la vallée. On laisse à dr. un sentier qui conduit à *Dissate* (samedi), et qui est le plus court chemin pour aller directement au Perthus.

1 h. 50. Après avoir traversé dans sa partie centrale un grand cirque de clairières et de broussailles, on arrive à la *maison forestière de Roussivau*. Sur le plateau, en face de la maison forestière, vestiges d'un *poste romain* dont les débris couvrent 2 à 3 hect. Ce poste commandait la voie Aurélienne, qui passait à 2 ou 3 k. plus au S.; il a été découvert, fouillé et mis à jour par M. Muterse. On remarque notamment les débris d'une citerne romaine en béton près du signal trigonométrique élevé sur ce plateau mamelonné : de ce point, le regard embrasse le sémaphore du Dramont, les rochers du Rastel d'Agay et du Cap Roux, le sommet de l'Escalle, les deux Perthus, le Bonnet du Capelan, le Vinaigre et les rochers de Jausiers.

2 h. 10. Après avoir contourné un ravin, le chemin charretier arrive au-dessus de Dissate (qui est à dr.), et l'on voit le chemin direct du Perthus qui, du même côté, vient rejoindre celui que l'on suit.

2 h. 30. Au delà de beaux chênes-liège, on franchit un ravin et, laissant à g. un vieux chemin qui monte dans les bois, on descend.

2 h. 35. **Défilé du Perthus** [*pont* en fer *du Perthus*, que l'on ne franchit pas; à dr., route qui va au Gratadis ou à la route des crêtes]; le pont est jeté sur le torrent dont le lit en pente est occupé par d'énormes blocs de roches sur lesquelles, aux grandes eaux, le ruisseau se précipite en cascatelles. — Laissant le pont à dr., on prend à g. la route qui s'engage dans le défilé, très resserré, et dont l'entrée est commandée par les splendides rochers déchiquetés et rouges du Perthus Oriental et du Perthus Occidental, en face d'un clapier d'éboulis. La gorge est d'une sauvagerie superbe; elle est dominée par des roches fantastiques, taillées en obélisques, formant des urnes suspendues, etc.

3 h. 20. Sortie du défilé rocheux. Le ruisseau serpente dans un vallon boisé et profondément encaissé, assez monotone.

3 h. 30. *Pont des Cantines*, que l'on franchit. Laissant à dr. un chemin qui conduit dans la *Prison*, étranglement caverneux et autrefois sans issue (d'où le nom de prison), on prend à g. la route du Pigeonnier. A g. le ravin, à dr. des éboulis. La route s'élève à peine au-dessus du torrent, laissant voir en face de belles croupes boisées. A un tournant apparaissent soudain les rochers du Pigeonnier.

3 h. 50. *Pont du Pigeonnier*. C'est de l'extrémité du pont, au-dessus duquel la vallée perd son nom du Perthus et prend celui de vallée du Maraval, qu'on voit le mieux l'ensemble des étranges **Rochers du Pigeonnier** : à dr., une série de gros blocs se dressent en fûts de colonnes, et l'un d'eux,

perché au-dessus du ravin, hérisse son monolithe à une grande hauteur et domine de beaucoup les autres; à g. surgit isolé un rocher constitué par un entassement de blocs juchés les uns sur les autres, et qui porte un signal. C'est un coin vraiment sauvage, où l'on se trouve comme isolé du reste du monde.

[La route forestière, qui se continue au delà du pont du Pigeonnier, va de là en 35 min. à l'Aire de l'Olivier (*V.* pour les détails p. 57, *d'Agay au mont Vinaigre*).]

On revient sur ses pas en 15 min. jusqu'au (4 h. 5) pont des Cantines (*V.* ci-dessus), que l'on ne franchit pas et, le laissant à dr., on prend à g. le chemin dit de la Prison (*V.* ci-dessus), que l'on quitte à 1 k. 2 du pont, pour prendre un chemin qui descend d'abord dans le lit du Gabre de Gourin. Aussitôt après, tourner à dr. et monter par le chemin de dr. — En face, les bizarres escarpements des *rochers de Matthieu* (rappellent les rochers des Mées [Basses-Alpes]); plus haut, en arrière, se montrent ceux des Suvières (belle vue du sommet).

4 h. 15. Après une montée assez rapide, on découvre un immense horizon en face entre les deux Perthus : au delà de la plage de Saint-Raphaël, le massif du Lissandre, la côte de Saint-Aygulf et des Maures; tout à fait à l'arrière-plan, le Coudon et les montagnes de Toulon.

4 h. 20. On aboutit à la route forestière des Trois-Termes à la *Baisse des Vaches*, ouverte entre la *Grosse Vache* à g. et la *Petite Vache* à dr. Vue étendue et fort belle en face sur les Grues, l'Ours, l'Escalle et le Grand Pic du Cap Roux, au delà des ravins des Vaches, de l'Escalle et du Malinfernet, que l'on domine.

Le Pigeonnier, d'après une photographie de M. Leroy.

[De là partent à dr. du chemin par lequel on est arrivé : — 1° un chemin qui fait le tour du mamelon des Vaches et rejoint plus bas la route des Trois-Termes (c'est le tracé le *plus* à dr.); — 2° un sentier qui descend dans le fond du Perthus; — 3° un sentier qui descend dans le Malinfernet.]

On descend à dr. la route des Trois-Termes.

4 h. 40. *Col du Baladou*, où l'on abandonne la route pour suivre un

Corniche : roc Saint-Barthélemy et pont biais. — Cliché H. Leroy.

raccourci qui conduit en 20 min., par le *col Aubert*, au (5 h.) carrefour de Bellebarbe et de là en 1 h. par le Gratadis, à (6 h.) Agay.

11° Trajet recommandé d'Agay au Gratadis, à Bellebarbe, au Malinfernet, au Pas de l'Écureuil; monter par la route au col des Lentisques, puis au col Lévêque et descendre au Trayas (route dangereuse en voit. du col des Lentisques au Trayas).

La route passe sous la voie ferrée, franchit la rivière d'Agay et revient passer sous le chemin de fer pour contourner la rade et regagner la côte au pied des beaux rochers du *Rastel d'Agay* (309 m.). Elle laisse à dr. le phare de la Baumette (*V.* ci-dessus), construit sur l'emplacement d'une ancienne batterie, et, superbement tracée, épousant toutes les sinuosités de la côte, serrée de près par la paroi rocheuse, elle offre des vues tout à fait charmantes.

14 k. 5. Anthéor.

ANTHÉOR

HÔTEL : *Grand Hôtel de la Corniche-d'Or* (oct. à fin mai; pet. déj., 1 fr. 25; déj. 3 fr. 50; dîn. 4 fr., vin à part; ch. de 3 à 5 fr.; pens. 7 à 10 fr.; bains; garage pour autos; voit. pour excurs.), avec véranda en plein midi et terrasse au bord de la mer.

Anthéor, ou *Antéore*, est un nid d'artistes groupés autour du poète Brieux, le découvreur de cette nouvelle **station hivernale,** et dont la *villa Blanchette*, à dr. de la route, porte cette inscription : « Je suis venu ici pour être seul » (Ezéchiel). Mais Brieux n'est pas resté longtemps seul à Anthéor : de blanches villas, *Bertnay, Gervais, Vallat,* le Grand Hôtel de la Corniche-d'Or, bâti sur une terrasse à g. de la route, sont venus animer cette ravissante retraite, qui bénéficie, comme Agay, de l'eau potable de la Siagnole amenée jusque-là de Saint-Raphaël.

[D'Anthéor (ou d'Agay), par la tranchée périmétrale ou bien par le sentier menant sur la route de Saint-Barthélemy, on peut faire le **tour du Rastel d'Agay** par le Gratadis, puis, la rivière franchie, par le sentier de la Croix de Mourrefrey, la route 94, et ensuite par un petit sentier qui amène à la route de la Nouvelle Corniche et à la tranchée périmétrale; c'est une promenade à recommander aux hôtes de ces stations.]

On passe au bas du viaduc d'Anthéor de la voie ferrée, qui se trouve à g. La route s'élève en pente douce et la silhouette du Grand-Pic du Cap Roux domine le paysage. On revient côtoyer la voie ferrée au ravin du Grand-Caneiret. A la Pointe du Petit-Caneiret, vue magnifique sur le Cap Roux, le Saint-Pilon et Saint-Barthélemy; à g., un sentier qui passe au-dessus du ch. de fer conduit à Saint-Barthélemy et au Saint-Pilon. Un peu plus loin, ravin du Petit-Canciret (mur de soutènement avec encorbellement).

S'élevant le long de la voie ferrée (à dr., on remarquera une curieuse calanque), qui passe en tranchée à g., la route franchit le ch. de fer par un premier pont biais, au pied du Saint-Pilon et du Roc de Saint-Barthélemy, qui porte une *plaque commémorative* de la construction de la route par le Touring-Club de France. A très peu de distance, la route refranchit la voie ferrée sur un remarquable pont biais, très surbaissé, à 55 degrés, le clou des travaux d'art de cette corniche ; puis elle continue à descendre en pente douce, et, après un tournant donnant vue sur un merveilleux paysage, elle revient au niveau de la voie ferrée (énorme remblai).

S'écartant alors du ch. de fer, qui passe dans une tranchée rocheuse, la route de la Corniche de l'Estérel oblique sur la dr. pour passer aussi dans une tranchée, à la sortie de laquelle elle traverse les voies du P.-L.-M. (tournant brusque) et s'élève jusqu'à l'altit. 50 m. (beau point de vue) ; puis, s'infléchissant à dr. (à g., chemin carrossable montant à la route forestière n° 94, pour le Gratadis et Agay ; *seule voie praticable* pour l'accès des voitures de la Nouvelle-Corniche sur la route 94 ; poteau du T.-C. F.), elle passe une quatrième fois au-dessus de la voie ferrée : du pont, vue superbe en raccourci à dr. de la côte des Maures et du phare de Camarat, à g. de Cannes et de l'île Sainte-Marguerite. Une descente amène bientôt en vue d'un promontoire rouge qui s'avance à dr. dans la mer (*point de vue de l'Observatoire*; plaque du T.-C. F.).

Après un tournant, vue à dr. de la pointe du cap Roux, au pied du Grand-Pic du Cap Roux (453 m.). On revient au niveau de la voie ferrée qu'on longe un instant pour la laisser ensuite à g. dans une tranchée et passer au-dessus de la maison des poseurs de la voie et de la caserne forestière du cap Roux. Au loin, on voit les lacets que décrit la route pour monter au col de l'Esquillon (*V.* ci-après) et la pointe de ce nom s'avançant dans la mer. A g., beau Pic d'Aurèle. On retrouve à g., à niveau, le ch. de fer ; puis la route, le laissant dans une tranchée, passe elle-même en tranchée et revient au niveau de la voie au-dessus de la jolie *calanque de Maubois*, terminée à dr. par une roche élevée d'où la vue est splendide ; ensuite, elle laisse encore le ch. de fer à g. dans une tranchée et le rejoint à la base du Pic d'Aurèle. A g., au delà de la voie ferrée, route de Saint-Barthélemy et du Gratadis ; à dr., grand mur d'Aurèle, sous lequel passe cette route (*passage impraticable aux voitures*, inutile d'ailleurs, grâce au raccordement signalé plus haut entre la route de la Nouvelle-Corniche et la route 94 ou route de Saint-Barthélemy).

On quitte la voie ferrée, et une descente dans une petite tranchée amène au Trayas.

24 k. 5. **Le Trayas.**

LE TRAYAS

Hôtels : — *de la Réserve* ou *pension Sube* (ouvert toute l'année ; confort moderne ; pet. déj., café ou thé, 1 fr., chocolat 1 fr. 25, déj. 3 fr. 50, dîn. 4 fr., servis à part, vin non compris ; ch. de 3 à 5 fr. ; pens. 10 et 12 fr. par j. pour 7 jours au moins ; bains et douches ; fumoir ; ch. noire ; garage avec fosse ; remise, voit. pour excurs. ; bouillabaisse ; télégr. *Sube-Trayas-gare-restant*), dans une très belle situation, à 12 min. de la station du Trayas, sur la route de la Corniche et au-dessus de la mer ; — *Estérel-Hôtel* (15 oct. à fin mai ; très confortable pour séjour ; omn., 50 c. par pers. ; pet. déj. dep. 1 fr. 50 ; déj. à table d'hôte 3 fr., à part 3 fr. 50 ; dîn. à table d'hôte 3 fr. 50, à part 4 fr., vin non compris ; ch. de 3 à 6 fr. ; pens. dep. 11 fr. 50 par j., sans vin ; restaurant indépendant ; garage pour autos ; ch. noire ; salle de bains ; électricité ; ch. hyg. ; voitures, ânes et mulets pour excurs. ; spécialité de bouillabaisse et de langouste à l'américaine ; télégr. *Guichard-Trayas-gare-restant*), à la Figarette, dans la forêt de pins, à 200 m. de la mer et à 100 m. d'altit., à 15 min. de la gare du Trayas ; — *restaurant de la Gare* (2 chambres).

Tarif des courses en voiture (l'hiver, voit. à 4 pl., 2 chev., télégr. à l'Estérel-Hôtel ou à la gare du Trayas) ; — du Trayas à Cannes, 25 fr. ; — à Saint-Raphaël, 25 fr. ; — à Agay, Gratadis, Malinfernet ret. par le col des Lentisques, 20 fr. ; — à la Sainte-Baume, ret. par les rochers de Saint-Barthélemy, 15 fr. ; — à Saint-Raphaël par le Malinfernet, 30 fr. ; — au Malinfernet par le col des Lentisques, ret. par le Gratadis, la Sainte-Baume, les rochers de Saint-Barthélemy et la Cap Roux, 25 fr. ; — aux Trois-Termes, ret. par Agay, 50 fr. ; — aux Trois-Termes, ret. par le Gratadis et la Sainte-Baume, 40 fr. ; — au Pigeonnier, par le Malinfernet, 40 fr.) ; — à l'heure, 5 fr. ; — à la journée 35 et 40 fr.

Tarif des anes et mulets (l'hiver, jusqu'au 1er mai, télégr. à l'Estérel-Hôtel ou à la gare du Trayas) : — Sommet du Cap Roux, 3 h., 6 fr. ; — Pic d'Aurèle, 2 h. 30, 6 fr. ; — Grotte de l'Uzel, 6 fr. ; — Pic Notre-Dame, 2 h. 30, 5 fr. ; — Malinfernet par la Baisse Orientale et la crête de l'Escalle, avec ret. par la vallée de l'Uzel, la Dent de l'Ours et le col Notre-Dame, ou par la vallée de l'Hubac de l'Escalle et le col des Lentisques, 5 h., 10 fr. ; — Sommet du Cap Roux, avec ret. par le col de la Dent-du-Cap et la Sainte-Baume, 5 h., 10 fr. ; — Agay, par la route de la Corniche, 5 h., 10 fr. ; — Théoule, par la route de la Corniche, 5 h., 10 fr. ; — l'Esquillon, ret. par la route de la Corniche, le col de le Cadière, le col Notre-Dame, 10 fr. ; — à l'heure 2 fr., à la journée 10 fr., conducteur compris. — Les temps ci-dessus comprennent l'aller, le ret. et 20 min. de repos pendant le cours des trajets ; les prix s'entendent pour une monture avec le guide auquel il est d'usage de donner un pourboire.

Villas : — S'adresser pour la location à M. Guichard, Estérel-Hôtel, qui enverra tous renseignements.

Eau potable : — Provenant d'une source découverte dans le domaine d'Espero-Pax (débit, 200 m. cubes par jour).

Le Trayas, composé d'une maison forestière, d'hôtels et d'un groupe de villas, dans un très beau site, est le meilleur **centre d'excursions à pied, à mulet et à bicyclette**, dans l'Estérel, à cause de sa situation au cœur de la partie la plus grandiose du massif et de sa proximité de ses principales beautés, et un séjour d'hiver très abrité.

[*Promenades et excursions* : — *A. En voiture ou à pied* : — **1° Agay** par le col Lévêque, ret. par la Corniche (routes carrossables ; *V.* p. 30 ; le passage à niveau forestier existant au voisinage de la station du Trayas est *interdit au public*. Ni le chef de gare ni le garde forestier ne sont tenus de l'ouvrir ; cette ouverture est d'ailleurs inutile ; en effet, le Touring-Club a fait un chemin carrossable qui permet au voitures de partir de la route de la Nouvelle-Corniche avant d'atteindre la pointe Notre-Dame, de franchir la voie ferrée *sur un pont*, de passer en face la gare du Trayas (de l'autre côté de la voie) et de rejoindre ensuite la route forestière du col Lévêque. On évite ainsi le passage à niveau dont les portillons seuls restent ouverts aux piétons (*attention aux trains*) ; — **2°** **Cannes**, par la route forestière des Trois-Termes, que l'on prend au col des Lentisques ou au col Notre-Dame. Par cette route, qui offre des vues splendides sur les ravins et les crêtes de l'Estérel, on compte 23 k. du Trayas à Cannes (8 k. jusqu'au col des Trois-Termes, 4 k. de là à la route nat. de Fréjus, et, par cette dernière route, 11 k. jusqu'à Cannes ; — **3°** le **Mont Vinaigre** (*V.* p. 53), par les Trois-Termes, la maison forestière de la Duchesse, la baisse de l'Olivier, le pont du Perthus, le Gratadis et le col Lévêque. De la maison forestière de la Duchesse ou de la baisse de l'Olivier, 45 min. suffisent pour faire à pied l'ascens. du Mont-Vinaigre par un sentier forestier. Journée rude si l'on fait le trajet à pied ; port de vivres obligatoire. Du pont du Perthus au col Lévêque on peut raccourcir, à pied, en montant à la baisse de la Petite-Vache, puis en descendant au Pas de l'Ecureuil, en remontant la route de l'Hubac jusqu'à la Baisse Orientale et en prenant le sentier à dr., presque horizontal ; — **4°** **Point de vue de l'Esquillon** (*V.* ci-après), par la route de la Corniche (recommandé aux personnes séjournant au Trayas et qui ne feraient pas la route de la Corniche tout entière).

B. A pied ou à mulet : — **5° Sommet du Cap Roux, Sainte-Baume, tour du Cap Roux et ascension du Pic d'Aurèle** (6 h. à pied all. et ret. ; excurs. très recommandée aux bons marcheurs et sans difficulté ; partir de bon matin pour éviter la chaleur en montant au Sommet du Cap Roux). — On suit la route de la Corniche (direction O. ou d'Agay), puis, la voie ferrée traversée, on prend la route forestière carrossable n° 94 (de la plage d'Aurèle au Gratadis, par le Pas de Saint-Barthélemy) ; gagner le tunnel de Maubois et prendre tout sentier qui monte ; de cette façon, on arrivera forcément au sommet. Le sentier le plus court part du dernier tournant des lacets de la route dans le vallon d'Aurèle (plaque indicatrice du T.-C. F.).

2 h. 15. *Grand Col du Cap Roux*, entre la *Dent du Cap Roux* (400 m. env.), à g., et le Grand Pic à dr. Vue admirable et étendue en face sur le Vinaigre, les Suvières, le Malpey ; au fond, les Alpes ; en arrière, la mer se montre par un étranglement.

2 h. 30. **Signal du Cap Roux ou Grand Pic** (353 m.). Vue superbe, la plus belle de tout l'Estérel (plus dégagée que celle du mont Vinaigre, malgré la différence d'altitude ; table d'orientation du T.-C. F.) ; en face, le cap Roux se profile, effilé, rouge et déchiqueté, dans la mer. La vue s'étend de Nice aux montagnes de Toulon, et en arrière, jusqu'aux Alpes neigeuses de la frontière italienne. Au pied du sommet, petite et étroite terrasse d'éboulis rocheux, deux chemins conduisent à la Sainte-Baume ; il faut prendre celui de g. si l'on ne veut pas emprunter deux fois le même sentier ; mais il est moins bon. Ce sentier longe d'abord de très haut le rivage, dont toutes les sinuosités se découpent avec une admirable netteté, puis descend en lacets sur le versant dr. du profond ravin du Gravier. Pendant la première partie de la descente, on a devant soi une grande muraille de roches grises.

2 h. 55. Au delà d'un mauvais passage d'éboulis (attention aux glissades), on laisse à dr. le sentier qui descend directement à la côte, et l'on continue en face.

3 h. 5. On passe au-dessous de l'ancien ermitage de la Sainte-Baume. A gauche s'élève le sentier de la grotte.

[Si l'on veut se reposer, descendre en 3 min. à la *source de la Sainte-Baume* (185 m. d'altit. ; eau fraîche excellente, 10°,3 ; quelques châtaigniers ; site charmant pour pique-niques ; les personnes qui séjournent à Agay et au Trayas en font un but de déjeuners en plein air).]

Au bout de 7 min. de montée raide, on trouve à dr. un sentier qui conduit en 3 min. à (3 h. 15) l'*Hôpital*, excavation creusée dans le roc. On reprend le sentier, qui monte en gradins très élevés et qui nécessitent de grandes enjambées, au moins dans la dernière partie (un peu fatigant pour gens corpulents). L'escalade terminale est facilitée par une première rampe en fer, puis par une autre rampe en fer, au moment de passer dans *l'ermitage*, situé sur un piton, et d'où un escalier de pierre de 38 marches descend à la grotte.

3 h. 25. **Grotte de la Sainte-Baume**, à 270 m. d'altit., ouverte à tous les vents (une partie du mur extérieur est démolie). Elle renferme une chapelle où l'on dit la messe lorsque les pèlerins vont y invoquer saint Honorat, qui l'habita, suivant la tradition, avant de fonder l'abbaye de Lérins (île Saint-Honorat, au large de Cannes).

Devant la grotte se trouve une terrasse longue de 14 m. et large de 7 m., d'où la vue est très belle sur la vallée du Grenouiller, le Rastel d'Agay, la maison forestière du Gratadis, le ravin du Gravier, Fréjus, le Puget-sur-Argens, Roquebrune et le Rocher de Roquebrune.

Une descente rapide amène (3 h. 45) à la route d'Agay au col Lévêque, au-dessous même de la maison des ouvriers (c'est l'ancien ermitage), entourée de très curieux rochers, et l'on suit cette route à droite jusqu'au col.

4 h. Col Lévêque (*V.* p. 30).

5 min. au delà du col, on quitte la route du col Lévêque au Trayas, pour monter à g. (premier sentier depuis le col) dans les pins ; on voit en face la belle cime du Pic d'Aurèle.

4 h. 10. On laisse à g. un chemin qui, descendant dans le ravin du Gravier, conduit au Malinfernet et rejoint le sentier qui y mène du col Lévêque (2 h. 15 à 2 h. 20 de marche de l'hôtel de la Réserve ou Sube au Malinfernet, directement, par ce dernier sentier), puis l'on monte dans de beaux boisements.

4 h. 35. *Baisse Orientale* (signal trigonométrique), d'où l'on domine en face la vallée de l'Hubac de l'Escalle, en arrière la vallée du Gravier. De cette dépression, on descend à dr. et l'on aboutit à la route forestière de l'Hubac de l'Escalle, que l'on remonte en face (dans la vallée de l'Escalle, source excellente).

4 h. 45. **Col des Lentisques**, carrefour des chemins suivants : en face, route forestière conduisant au Trayas (dangereuse ; pentes de plus de 20 0/0 ; ne jamais s'y engager en voiture) ; à g. de celle-ci, autre route conduisant aux Trois-Termes ; à g. de cette dernière, chemin menant au sommet du Pic de l'Ours ; plus à g. encore, sentier retrouvant la route des Trois-Termes au col Notre-Dame ; à dr. de la route du Trayas, chemin conduisant dans le sentier du Trayas à la Sainte-Baume ; à dr. de celui-ci, route carrossable n° 108, par laquelle on peut gagner soit le col Lévêque, soit le Trayas, en faisant le tour du Pic d'Aurèle (la route par laquelle on est arrivé au col des Lentisques va, en sens inverse, par la vallée de l'Hubac de l'Escalle, au Malinfernet, où elle se soude à une route conduisant d'une part, à dr., aux Trois-Termes, de l'autre, à g., au Gratadis et à Agay).

On gravit le sentier du Pic d'Aurèle. En avançant un peu dans ce sentier, on découvre tout à coup une belle vue sur la côte, les îles de Lérins, Cannes et la péninsule du cap d'Antibes ; dans le fond se détache la toi-

Ruines de l'ermitage de Saint-Honorat ou Sainte-Baume, d'après une photographie de M. Leroy.

ture rouge de la maison forestière du Trayas, et plus à g. se montrent la gare et la voie ferrée.

4 h. 55. Sommet du **Pic d'Aurèle** (316 m.), étroite arête de gros blocs (signal) qui surplombent des masses de roches tailladées et fissurées et de profonds précipices. La vue, fort belle, ressemble un peu à celle du Grand Pic du Cap Roux ; mais elle est beaucoup plus circonscrite, le Grand Pic du Cap Roux masquant complètement le côté d'Agay et de la côte des Maures.

On descend au col des Lentisques par le même sentier et l'on continue à descendre en face, par la route du Trayas.

5 h. 20. On laisse à g. un sentier qui conduit en 25 min., au col Notre-Dame (*V.* ci-dessous, 7°) et l'on tombe dans la route du col Lévêque (à dr.), puis on traverse la voie ferrée.

6 h. Gare du Trayas.

6° Sainte-Baume et Cap Roux (4 h. à pied, all. et ret. ; *excursion très recommandée* aux marcheurs ordinaires et qui peut se faire dans l'après-midi, entre le déjeuner et le dîner ; de Cannes, on peut partir par un train pour le Trayas vers 1 h. et rentrer du Trayas à Cannes par un train vers 6 h. 30). — Sans sortir de la gare du Trayas, traverser la voie au passage à niveau ; prendre à g. la route du col des Lentisques, puis (4 min.) à g. celle du col Lévêque.

50 min. Col Lévêque (*V.* p. 30). — Là il faut prendre la route du Gratadis (rive g. du vallon du Gravier). — 1 h. 5. Cabane forestière. On suit le sentier de la Sainte-Baume (après la source, prendre le sentier qui passe derrière la cabane, puis le 1ᵉʳ sentier à dr. et le 2ᵉ à g.) ; escalier, etc. (*V.* 5°).

1 h. 35. Sainte-Baume (grotte ; *V.* p. 38). — Revenir pendant 200 m. env. sur ses pas, sur le même sentier ; piste au pied des rochers, quelques broussailles.

1 h. 57. *Brèche de la Sainte-Baume,* entre le Rocher de la Grotte et le Sommet de la Sainte-Baume. Traversée horizontale de l'éboulis, dans le vallon resserré entre la Sainte-Baume et le Saint-Pilon. On rejoint le sentier de la rive dr.

2 h. 33. Col (entre le Saint-Pilon et le Cap Roux) ; de ce petit passage innommé on a une vue féerique sur la mer. On tourne à g., laissant derrière soi les admirables rochers, contreforts verts « bronze antique » du Saint-Pilon.

2 h. 45. Grand Pic du Cap Roux (*V.* p. 37). — On descend par le sentier qui contourne au N. le Pic du Cap Roux. On prend à dr. le sentier du col Cardinal.

2 h. 57. *Col Cardinal.* — On aboutit au vallon d'Aurèle. — 3 h. 35. Passage en tunnel sous la voie ; traversée du Trayas.

4 h. Gare du Trayas.

7° Agay, par le col Notre-Dame, la Dent de l'Ours, le ravin de l'Uzel, la vallée du Malinfernet et le Gratadis (5 h. 30 à pied ; excurs. très recommandée : le Malinfernet est le clou des beautés pittoresques de l'Estérel). — On franchit la voie ferrée à la gare du Trayas et, immédiatement après, on abandonne ce sentier, au moment où il tourne à dr., et on continue à remonter la rive dr. du ravin Notre-Dame ou du Trayas. Bientôt on franchit le ravin, dont le lit est encombré de gros blocs, et on remonte la rive g., en passant au-dessus de la conduite d'eau et du barrage.

20 min. Arrivé à la jonction d'un autre sentier qui s'élève plus loin sur le versant N., on tourne à dr. et l'on gravit rapidement dans les pins le versant opposé. La montée offre de superbes vues de mer et de roches côtières.

35 min. Dès que le sentier atteint la limite de la forêt, sur une croupe au-dessus de la *maison Germain*, que l'on découvre dans le fond, il revient vers l'O. par un brusque lacet et s'éloigne de la mer (vue de la pointe des Canons et de la plage de la Figucirette). On monte rapidement en dominant un profond cirque boisé. On revoit une partie de la côte, avec ses baies, ses promontoires et ses calanques, la voie ferrée, le Pic d'Aurèle et le massif du Cap Roux, à g.

1 h. *Col Martin*, entre le ravin des Grues et le ravin Notre-Dame et dominé à dr. par le *Pic Martin* et à g. par le *Pic Notre-Dame*, précédé de gros rochers rouges. En face, le ravin des Grues, que surplombent les *Grandes* et les *Petites Grues*, la mer fermée comme un lac, Cannes et les collines de Cannes ; à g., le massif du Tanneron se montre dans une échancrure de la crête des Grues ; en arrière, la vue est nulle et masquée par les grands pins.

Au col le sentier tourne à g. (échappée de mer, à g.), suit la ligne de faîte entre les deux ravins, puis gravit les pentes de Notre-Dame, dont le signal se montre à dr. On domine (à g.) le très profond ravin boisé du Trayas, dont le regard embrasse les contours sinueux et superbes et un bel horizon de mer.

1 h. 20. **Col Notre-Dame**, important passage ouvert entre le *Pic Notre-Dame* à dr., et, à g., le *Petit* et le *Grand Sommet de l'Ours* (492 m.), et utilisé par la route forestière du col des Lentisques aux Trois-Termes, par laquelle on peut se rendre du Trayas à Cannes (*V.* ci-dessous). Le sentier du col Martin débouche au col même sur cette route forestière. Le col Notre-Dame est un carrefour de chemins fréquentés par les touristes : outre le sentier du col Martin ci-dessus décrit s'embranchent au col sur la route des Trois-Termes, au S., de l'O. à l'E., les voies de communication suivantes : 1° le sentier de la *Baraque de Piane* ou mieux de l'*Aire des Morts*, aboutissant au chemin des Trois-Termes au Malinfernet ; 2° en face du chemin du col Martin, le sentier de la grotte de l'Ours, qui va rejoindre la route du col des Lentisques ; au N. à l'E., du sentier du col Martin, le sentier direct du chemin du Trayas, rejoignant la route forestière un peu au-dessus de la gare.

Du col on domine à dr. le ravin de l'Escarpement, tributaire du grand ravin de la Cadière (*chaire*, en provençal ; grande variété d'essences dans le ravin de l'Escarpement : pins, alisiers, érables, chênes-liège et chênes blancs, etc.). La vue sur les montagnes est fort belle ; en arrière, on découvre le Tanneron.

On prend à g. le sentier qui domine le ravin de l'Escarpement (lequel ravin se trouve à dr.), que l'on contourne (excellente source au fond du ravin, dans les chênes blancs ; bon endroit pour pique-niques). En face de soi, l'on ne tarde pas à remarquer les beaux rochers de Maurevieille, rouges et déchiquetés.

1 h. 50. A g., chemin qui vient du (40 min.) col des Lentisques et gravit le sommet de l'Ours. En face se dresse la *Dent de l'Ours*, gros bloc nu de porphyre, dans lequel s'ouvre la *grotte de l'Ours*, excavation du reste sans intérêt. La Dent de l'Ours dépassée, vue superbe sur Fréjus et Saint-Raphaël, au delà du ravin de l'Ours, qu'on longe en le dominant (ce ravin est à dr.).

2 h. On laisse à dr. le sentier qui descend dans le ravin de l'Ours, et l'on continue à monter horizontalement sur le flanc de la montagne.

2 h. 15. On atteint la crête en face du ravin et des curieux *rochers de l'Usel*, et l'on descend en lacets dans le ravin, lequel est bien boisé et très encaissé.

2 h. 30. On laisse à g. de gros blocs de rochers, puis en face le chemin du col des Lentisques, pour descendre à dr.

2 h. 35. Le sentier passe sous une véritable voûte de verdure. **A g.,**

un sentier caché par la végétation monte en 3 min. à la *grotte de l'Uzel*, excavation sous un rocher creusé en forme de voûte (voûte complètement noircie par la fumée), et qui n'a d'importance que comme lieu de halte et de repos.

3 h. 5. On franchit le ruisseau de l'Uzel (gué pierreux), qui descend sur de grandes dalles de roche plates, en forte pente. Le torrent coule à dr. du sentier.

3 h. 12. On franchit de nouveau le ruisseau au fond de la gorge. En se retournant, jolie vue sur les montagnes qui encerclent le ravin.

3 h. 17. De l'autre côté du ravin de l'Escalle, où aboutit le ravin de l'Uzel, se voit la route d'Agay au Trayas (fil téléphonique), venant du col des Lentisques. A dr., petite *grotte de l'Écureuil*.

3 h. 20. On franchit l'Escalle et l'on rejoint la route par une petite rampe, puis on descend cette route, dominée à g. par de gros rochers se dressant au-dessus de la crête et dont l'un porte au sommet quelques pins battus par les vents.

3 h. 30. *Pas de l'Écureuil*, surplombé à g. par de curieux rochers en forme d'obélisques. A dr., chemin conduisant aux Trois-Termes, qui s'embranche sur la route principale et franchit le ravin sur une chaussée de blocs. Un peu plus loin, passerelle en bois de l'Écureuil. On arrive en face du *Rocher de l'Évêque* et l'on tourne à g.; la route pénètre dans le Malinfernet.

3 h. 35. Entrée du **Malinfernet**, dominée par un superbe obélisque rocheux, avec un pin au sommet. Le spectacle est magique; à partir de là, il y a 15 min. de route d'une beauté et d'une grandeur à rivaliser avec les gorges les plus vantées. Le défilé est étroit; à dr. de la route forestière, le torrent roule dans un dédale de blocs au pied d'une muraille de rochers affectant les formes les plus fantastiques; partout les pins s'accrochent aux anfractuosités du roc, et de la muraille se détachent des blocs retenus à la masse par un prodige d'équilibre, effilés, ténus, bizarres, semblables à une rangée de fantômes de pierre penchés sur l'abîme. C'est un spectacle malheureusement trop court, mais unique sur le littoral de la Provence.

3 h. 40. A g., *grotte de la Forge*.

3 h. 55. *Fontaine de Malinfernet*, située à g. de la route (eau excellente), dans un site ravissant, où l'on trouve les essences d'arbres les plus variées : c'est à cette fontaine que finit la partie réellement grandiose du Malinfernet.

4 h. 5. On prend à g. une route qui conduit à la passerelle du Malinfernet.

[Si, au lieu de franchir la passerelle, on continuait à suivre cette route à g., on arriverait en 1 h. au col des Lentisques (*V*. p. 38), ou en 45 min. au col Lévêque (*V*. p. 39).]

4 h. 10. Reprenant la route après avoir franchi la passerelle, on passe au-dessus du Gravier, qui vient de recevoir le Malinfernet et prend dès lors le nom de Grenouiller. Belle vue, en face, sur les rochers de la Sainte-Baume.

La route s'élève; à g., au delà de la vallée, assez large, se dessine l'ample silhouette du Rastel d'Agay.

4 h. 30. *Carrefour de Bellebarbe*, utilisé par la route principale des Trois-Termes, dite de Cannes; la section de dr. conduit à (8 k.) la maison forestière des Trois-Termes, et l'on peut aussi se rendre par là au Vinaigre et au Malpey; la section de g. va au Gratadis; enfin, en face, un bout de route qui fait le tour d'un mamelon va rejoindre la route du Gratadis.

4 h. 40. **Maison forestière du Gratadis** (poste de secours du T.-C. F.),

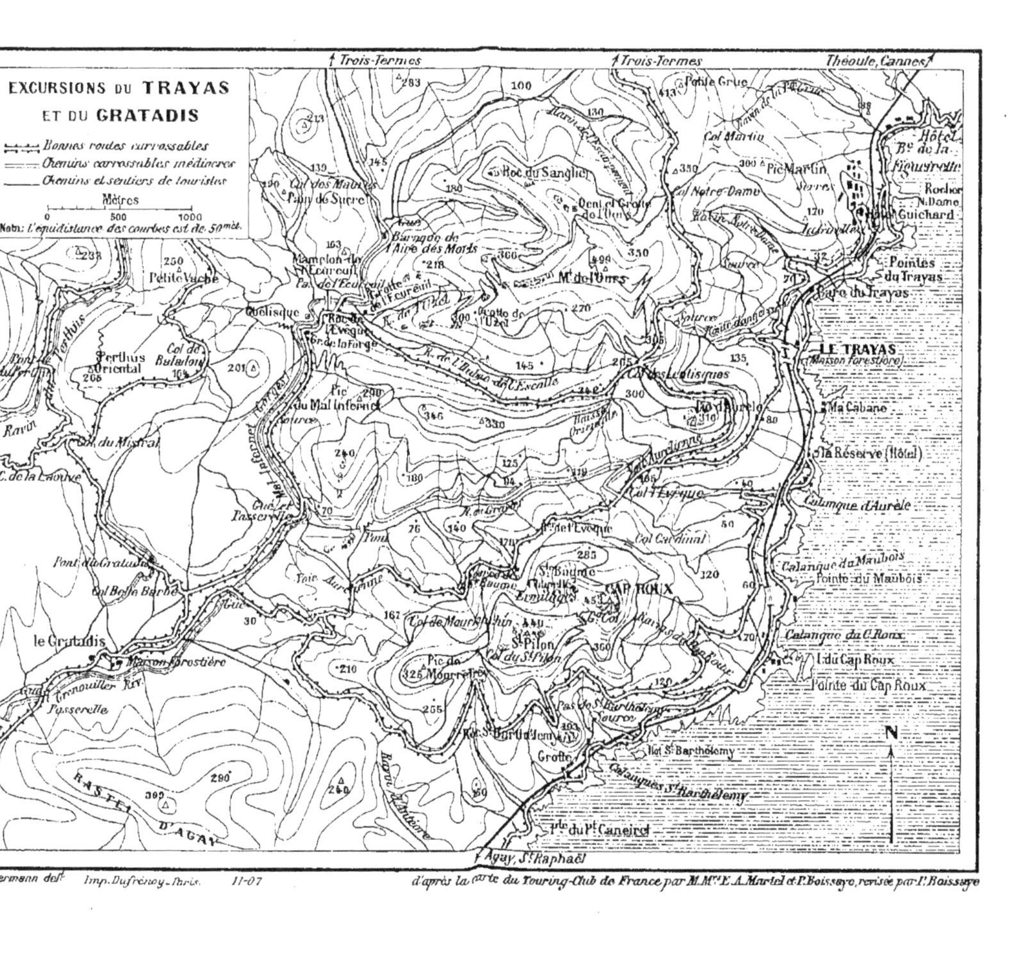

hermann del.   Imp. Dufrénoy - Paris.   11-07   d'après la carte du Touring-Club de France par M. Mme E. A. Martel et P. Boissaye, revisée par P. Boissaye

dans un site solitaire, au milieu d'une petite plaine entourée d'un cirque de collines. La route directe d'Agay à la Sainte-Baume franchit la rivière près du Gratadis.

[Un sentier partant du fond du Gravier (à 1 k. env. de la maison forestière du Gratadis; les gardes l'indiqueront) monte en pente douce jusqu'au sommet du Cap Roux (*V.* p. 37) et en permet l'ascension même aux dames peu habituées à la marche.]]

On descend dans des pins au-dessus de la rivière, qui coule au fond, à g.

4 h. 50. On laisse à dr. le chemin de Roussivau (*V.* p. 31), qui longe le ruisseau de la Cabre.

4 h. 57. La route franchit la rivière par un gué pavé (les piétons passent à g., sur une passerelle), en deçà du confluent du Grenouiller et de la Cabre, dont la réunion forme la rivière d'Agay.

5 h. 5. Etranglement de la vallée : à dr., masqué par la verdure, près d'un massif de mimosas, *pont romain* qu'utilisait la voie Aurélienne. On aperçoit ensuite à dr. la cheminée de la prise d'eau du P.-L.-M. et le mamelon qui porte le sémaphore d'Agay.

Le spectacle est idyllique, rien de plus frais et de plus bocager que cette vallée de la rivière d'Agay. A g., la superbe crête du Rastel d'Agay dresse immédiatement au-dessus de la route ses belles roches taillées en compartiments et en cheminées; à dr., la rivière s'épanche dans un lit bordé de roseaux et de lauriers-roses, séparée par un bassin de prairies de collines dont les molles ondulations encadrent admirablement la plaine. Au fond, à dr., le superbe mamelon du sémaphore dresse sa tête boisée et rien ne laisse deviner la mer, qui est en face, derrière le remblai de la voie ferrée.

5 h. 10. A dr., *passerelle d'Agay.*

[Les piétons pourront, en franchissant cette passerelle, gagner Agay en 15 min. par le sentier qui passe à la prise d'eau du P.-L.-M. (usine élévatoire) et à côté du *château du Castellas,* superbement blotti dans les fougères, les lauriers-roses, les platanes, les érables et les eucalyptus. C'est l'un des coins les plus ravissants des environs immédiats d'Agay. Le sentier aboutit au pont en fer jeté sur la rivière d'Agay, près du passage à niveau de la voie ferrée (*V.* ci-dessous).]]

Laissant la passerelle à dr., la route forestière continue à longer la base du Rastel d'Agay. On voit devant soi le remblai du chemin de fer et, en face d'une ouverture par laquelle se montre la mer, on tourne à dr. le long du remblai, puis on franchit la rivière d'Agay sur un beau pont en fer construit par le service des eaux et forêts, et à l'extrémité duquel s'embranche à dr. le chemin du Castellas (*V.* ci-dessus); enfin l'on passe sous la voie ferrée.

5 h. 30. Agay (*V.* ci-dessous).

8° Agay, par la route de la Corniche, le Gratadis, le Malinfernet, le col des Lentisques, Grotte de l'Uzel, col Lévêque. — Remonter après la route de la Corniche le cours de la rivière d'Agay jusqu'à la maison forestière du Gratadis et de là, gagner, par le col de Bellebarbe, le Malinfernet, s'enfoncer dans la gorge jusqu'au Pas de l'Ecureuil; sites sauvages; rochers d'un effet saisissant; puis prendre à dr. une route de chars, d'un bon entretien, qui remonte le vallon de l'Hubac de l'Escalle jusqu'au col des Lentisques. A ce point, prendre le sentier, de niveau à peu près constant, qui contourne la montagne de l'Ours, et le suivre jusqu'à la grotte de l'Uzel; rochers admirables; panoramas de toute beauté, embrassant le Cap Roux, le vallon de l'Hubac, la suite des monts qui s'étend vers le N.-O. jusqu'au Mont Vinaigre. Revenir au col des Lentisques et retour au Trayas par la route du col Lévêque (vues merveillouses sur Cannes, les îles de Lérins et les Alpes). En tout 25 k. Sauf le petit crochet (extrèmement recommandé) pour aller à la grotte de l'Uzel et qui fait à peine 3 k. aller et retour, l'itinéraire entier peut se faire en voiture et mieux encore à bicyclette. Emporter le déjeuner. (Excursion recommandée d'une façon toute spéciale par M. A. Ballif, président du Touring-Club de France, qui désigne cette excursion sous le nom de **journée idéale dans l'Estérel.**)

9° Saint-Barthélemy ; Saint-Pilon, Sainte-Baume, Malinfernet, Pic du Malinfernet, col des Lentisques, tour du Pic de l'Ours; col Notre-Dame (7 à 8 h. de marche par route ou sentier). — De l'hôtel de la Réserve ou Sube on prend la route du Gratadis qui passe sous la ligne du ch. de fer à la calanque d'Aurèle et on s'élève ensuite par des lacets jusqu'au sentier qui monte à la Sainte-Baume. La route continue ensuite en montant légèrement, jusqu'au Pas de Saint-Barthélemy (route magnifique avec vue superbe sur la côte et par échappées, au tournant de plusieurs vallons, vues du Cap Roux, du Saint-Pilon et du Roc Saint-Barthélemy).

1 h. 15. Prendre le sentier à droite qui suit l'arête de la colline; sentier d'abord très raide (*grotte de l'Eau*) puis presque horizontal jusqu'au col du Saint-Pilon (2 h.). De ce point partent plusieurs sentiers : celui de g. contourne le *Pic de Mourrefrey* (vue splendide sur le vallon du Grenouillier) et redescend à la route du Gratadis; celui qui descend en face va en 20 min. à la fontaine de la Sainte-Baume, d'où l'on peut aller visiter la chapelle et enfin celui de dr. (recommandé) serpente aux flancs du Saint-Pilon et du Cap Roux en passant par le Grand Col, où se trouve une immense roche de porphyre à pic. Ce sentier est le plus beau — il importe de le faire remarquer — que l'on puisse suivre pour monter au Grand Pic du Cap Roux; la montée est légère et aisée et les divers panoramas que l'on a aux différents points du sentier sont très variés et tout à fait beaux. Du Pic du Cap Roux on rejoint la fontaine de la Sainte-Baume en passant à la Chapelle (*V.* plus haut).

2 h. 40. De la fontaine on suit la route du col Lévêque au Gratadis jusqu'à la Baisse de l'Aire (3 h.), d'où part l'ancienne voie Aurélienne qui descend à l'oratoire Saint-Honorat, sur le bord du vallon du Malinfernet. Mais on prend à dr. sur l'arête d'une petite colline et on descend en 15 min. au Malinfernet. On suit le vallon du Malinfernet, après l'avoir traversé deux fois à gué, jusqu'au Roc de l'Evêque et au Pas de l'Ecureuil (*V.* ci-dessus, p. 42, pour le Malinfernet).

3 h. 40. On revient en arrière et l'on prend un sentier à dr. qui monte très rapidement jusqu'au *Pic du Malinfernet*, point le plus central de l'Estérel (290 m. ; vue splendide de tous côtés, sur les massifs du Vinaigre, de l'Ours, du Cap Roux et le Rastel d'Agay). On ne voit pas la côte, mais c'est un point de reconnaissance précieux pour les touristes qui visitent l'Estérel.

4 h. 30. De là, deux sentiers à peu près horizontaux, l'un au N., l'autre au S. de l'*Adret de l'Escalle* (398 m.), qu'ils contournent, vont se rejoindre à la Baisse Orientale. Celui de g. ou du N. est plus au frais et plus court, tandis que le second est plus chaud, plus long et moins bien en état. On arrive ainsi en 40 min. à la Baisse orientale et en 50 min. au col des Lentisques.

5 h. 20. Prendre ensuite le sentier de g., à peu près horizontal (vue splendide au midi), qui mène à la grotte de l'Uzel ; continuer le sentier qui monte ensuite en serpentant au-dessous du Mont de l'Ours en vue du sommet de Collet Redon, des Suvières et du Vinaigre et au-dessus de la Dent de l'Ours et de la grotte de l'Ours, et aboutit au col Notre-Dame.

6 h. 40. De là on descend en 20 min. par sentier à la maison forestière du Trayas.

Autres excursions d'une demi-journée (3 ou 4 h.) : — **10° Pic d'Aurèle** : aller par le chemin qui monte au col des Lentisques, de là prendre
le sentier qui monte au pic et redescendre par la route carrossable du
Trayas ou bien par le col Lévêque et le sentier qui descend à dr. du
vallon d'Aurèle ; — **11° Sainte-Baume** : par le Pas Saint-Barthélemy et le
col du Saint-Pilon et retour par le col Lévêque ; — **12° Malinfernet** : aller
au col des Lentisques, route du ravin de l'Hubac de l'Escalle, gorges du
Malinfernet, ret. par la route du vallon du Gravier jusqu'au col Lévêque et au
Trayas ; — **13° Pic du Malinfernet** : aller au col Lévêque, prendre le sentier qui mène à la Baisse Orientale, suivre le sentier N. horizontal, jusqu'au
Pic du Malinfernet, ret. par le sentier S. de l'Adret de l'Escalle, la Baisse
Orientale, le col des Lentisques et le Trayas. — **14° Pic du Cap Roux** :
aller par le sentier habituel qui mène au cap Roux ou bien suivre la route
du Gratadis à travers les ravins du cap Roux et, avant d'arriver au Pas
Saint-Barthélemy, prendre un des deux sentiers à dr. qui mènent également au cap Roux. Ret. par le col Lévêque ou bien par le pic d'Aurèle
et le col des Lentisques ; — **15° Pic de l'Ours** : monter au col des Lentisques ; prendre le sentier qui, en quelques minutes, conduit au sommet
du Pic, et redescendre au col Notre-Dame et à la gare du Trayas. —
16° (grosse demi-journée) : monter au col des Lentisques, route de l'Hubac
de l'Escalle, pas de l'Ecureuil et remonter le vallon du Baptiston jusqu'aux
Trois Termes, et ret. par la route du col Notre-Dame (sites sauvages dans
le vallon jusqu'aux Trois-Termes). On peut, du Pas de l'Ecureuil, remonter
à dr. par le ravin de la Couche de l'Ane, suivre ensuite par sentier le ravin
de la Cadière et aboutir au col de la Cadière (vue splendide sur la vallée
de Théoule, la chaîne des Grues, ainsi que sur les îles de Lérins) ; retour
par le col Notre-Dame. Ce deuxième itinéraire diminue de 1 h. le trajet.
On peut encore le raccourcir d'une autre heure en montant le sentier à
dr. un peu après avoir franchi le ravin de la Dent de l'Ours ; on laisse à
dr. le roc du Sanglier et on aboutit au col Notre-Dame.

La route, s'éloignant un peu de la mer, serpente en descendant au pied de la voie ferrée, à travers les grands pins. Au
delà d'une tranchée rocheuse, on se rapproche de la mer, que
la route domine ; à dr., des calanques se dessinent à travers les
pins. Passant ensuite au pied du grand remblai du ch. de fer
et laissant à g. la *maison forestière du Trayas* (poste de secours
du T.-C. F.), la route monte un peu, détache à g. le chemin
d'accès de la gare du Trayas, franchit en remblai le ravin du
Trayas, passe dans une tranchée, en sort au-dessus d'une calanque
et s'élève. A dr., signal de la marine, sur un promontoire élevé
et très découpé formant un belvédère (banc), auquel conduit un
sentier (poteau-indicateur).

La route, bordée de parapets et entièrement gagnée sur la
roche, surplombe un admirable fiord, puis descend et passe sur
un grand remblai au pied du pont Notre-Dame de la voie
ferrée ; immédiatement avant ce pont, elle s'accote à un énorme
rocher, au-dessus de la *plage Notre-Dame* (*plaque commémorative
de la construction de la route*). A g., au-dessous du pont du ch.
de fer, pont naturel.

La route passe dans une grande tranchée et, à flanc de coteau, contourne la *Pointe Noire du Trayas*, puis elle détache à **g.** une route.

[Cette route, qui franchit la voie ferrée sur un pont, donne accès (poteau-ind. du T. C. F.) : 1º à l'Estérel-Hotel ; — 2º aux jardins de l'horticulteur Gardenq ; — 3º au réseau de chemins forestiers de l'Estérel. C'est par cette route qu'on peut aller au col Lévêque, au Gratadis, à Agay, sans avoir à utiliser le passage à niveau forestier du Trayas, d'ailleurs interdit aux voitures (les piétons seuls peuvent passer par les portillons toujours ouverts). Cette importante amélioration a été réalisée grâce au Touring-Club de France.]

23 k. 2. A dr., *pointe Notre-Dame*, longue et effilée, limite des départ. du Var et des Alpes-Maritimes.

Décrivant de grands contours, qui épousent toutes les sinuosités du rivage, la route descend peu à peu presque au niveau de la mer (à un tournant, *fontaine* d'eau potable), jusqu'à la *baie de la Figueirette* ou *de la Figarette*. Puis, s'élevant d'abord et descendant ensuite, elle s'enfonce, au delà d'un petit port (barques), dans un ravin tapissé de mimosas, le franchit en remblai et revient vers la mer. Elle s'élève ensuite un peu, en contournant un autre ravin qu'elle franchit pour monter (à dr., très belle vue sur la côte), contourner et franchir un nouveau ravin et s'élever par deux grands lacets (raccourci du premier au second, à dr. de la route, aboutissant au poteau du point de vue) au col de l'Esquillon.

26 k. 5. *Col de l'Esquillon* (85 m. d'alt.), d'où part à **dr.** (poteau-ind. du T. C. F.; *très recommandé*) un sentier montant en 8 min., dans les pins, au **point de vue de l'Esquillon** (102 m.; table d'orientation sur la plate-forme, à laquelle on accède des deux côtés par des escaliers; au-dessous, abri sous roche); de là on a un **panorama admirable**, en face sur la côte de Cannes, le golfe Juan, les îles de Lérins et, dans le fond, les Alpes, en arrière sur la côte de l'Estérel.

La route descend dans les pins (belles vues à dr.), se tenant toujours à une grande hauteur au-dessus de la mer, passe (28 k. 3) sous la *chapelle* et *l'hôtellerie du Père Virgile* (à dr., *pointe de la Galère*; *plaque commémorative* de la route) et dans deux tranchées, la première au-dessus de la carrière des travaux du port de Cannes (entre les deux tranchées, belle **vue**). Au fond, entre la pointe de la Croisette et Sainte-Marguerite, se montre la péninsule du Cap d'Antibes avec le phare de la Garoupe.

A la descente, on voit le château de la Napoule, puis le collège de l'Estérel; plus à g., le viaduc de la Rague; du banc de repos du *vallon des Houx*, à g. de la route, on aperçoit Grasse.

La route descend le *vallon de l'Autel* (descente raide; attention!) pour aboutir à la plage de Théoule, laisse à dr. le château, et vient longer la voie ferrée et la station de Théoule, qui sont à g. de la route.

Plage de la Figueirette et l'Esquillon. — Cliché H. Leroy.

30 k. 9. Théoule, station d'hiver et d'été, ravissant petit port dans un site délicieux, en face de Cannes et des îles de Lérins.

Renseignements de séjour. — Théoule, très habitable en toute saison, est autant, sinon plus, station d'été que station d'hiver. La bâtisse y est très active; on n'y compte pas moins de 50 villas, la plupart blotties dans les pins. Superbes plantations de mimosas (visiter celle dite *les Mimosées*). Un nouveau boulevard, appelé *Petite Corniche d'Or*, a été tracé au bord de la mer. — On s'installe, soit dans l'hôtellerie du Père Virgile (*V.* ci-dessus), soit dans les hôt.-rest. *de Théoule* et *des Roches-Roses*, soit en villa meublée (s'adr. à l'agence *Pizzotti*). — Nombreuses promenades; ascens. recommandée du *Mont de Théoule* (250 m. d'alt.; villas; vue magnifique sur le golfe de la Napoule, Cannes, Grasse, les Alpes, les îles de Lérins). — On peut, de là, aller par sentier au *col de Cadière*, en passant sur le tunnel du chemin de fer, et descendre à la métairie de Maure-Vieille, par le vallon de la Rague ou le Tremblant, et aboutir à la Napoule (mauvais chemins, mais vues admirables).

C'est à Théoule que se termine la Corniche de l'Estérel proprement dite. — La route est cependant encore intéressante jusqu'à la Napoule; très accidentée, montant et descendant tour à tour, elle passe dans le ravin de la Rague, en vue du viaduc de la voie ferrée, s'élève, laisse à dr., au-dessus du rivage, l'étrange *Roche des Pendus*, contourne un vallon agreste et passe au pied de la terrasse qui, à g., porte le Golf-Hotel et des Bains.

33 k. 6. La Napoule (*Golf-Hotel et des Bains* : déj. 3 fr. 50, dîn. 4 fr. sans vin; pens. dep. 8 fr., garage), station de bains de mer (belles plages) et but de promenade pour les hôtes de Cannes, possède un *château* bâti sur des rochers de grès, et qui a conservé une *tour* carrée très massive, reste d'une forteresse construite au XIV° s. par les comtes de Villeneuve.

[*Excursions* : — 1° (1 h. N.-O.; sentiers assez difficiles à trouver; promenade agréable), en remontant le ravin de la Rague (*V.* ci-dessus), métairie de *Maure-Vieille*, dans un site boisé et sévère; — 2° (4 k. 4 E.-N.-E.; à 100 pas à dr. de la route de Cannes) *butte de Saint-Cassien* ou *Mont d'Erluc* (ermitage du XIV° s., très visité le 23 juillet), et à côté, *parc Fons Michel* (pins; belles avenues; on peut visiter); — 3° (1 h. aller et ret., à l'O.) ascension du *San-Peyré* ou *Saint-Pierre* (131 m.; *chapelle* ruinée du XIII° s., un peu en dessous du sommet; vue splendide); — 4° (au N.-O.; 4 h. 10 à pied, 3 h. à la descente; très recommandé) le Vinaigre (*V.* p. 56). par (1 h. 45) le *col des Trois-Termes* (309 m.), (2 h. 30) la *Baisse-Violette* (362 m.) et (3 h. 30) le col du Truc de Michel (*V.* p. 54); ret. par l'auberge des Adrets (*V.* p. 51) et la route de Cannes.]

35 k. 1. On rejoint la route nat. 97 (*V.* p. 49). — Dès lors c'est la banlieue de Cannes, la route poussiéreuse et blanche, la Verrerie, le faubourg de la Bocca avec ses industries, puis l'entrée dans la ville par la rue de Fréjus.

43 k. Cannes (*V.* la monographie *Cannes*).

2° DE CANNES DANS L'ESTÉREL

Les cochers de Cannes connaissent très mal l'Estérel et il n'y a de tarifée au départ de Cannes que la course du Logis de l'Estérel ou auberge des Adrets (*V.* p. 51; all. et ret. 20 fr. à 1 ou 2 chev. et à 3 pl., 24 fr. en lan-

L'ESTÉREL
d'après la carte du Touring-Club de France
par MM. E. A Martel et P. Boissaye,
revisée par P. Boissaye.
Bonnes routes carrossables
Chemins carrossables médiocres
Chemins et sentiers des touristes
Mètres
0   1000   2000
L'équidistance des Courbes est de 100 Mètres
J. Hermann del.
11-07   Imp. Dufrénoy-Paris

dau avec 4 voyageurs, avec 3 h. d'arrêt). Depuis l'ouverture de la route
de la Nouvelle-Corniche, on peut se faire conduire de Cannes au point de
vue de l'Esquillon (*V.* p. 46; 35 k. all. et ret.) et il devient peu à peu de
mode, au lieu de se rendre simplement à l'auberge des Adrets, de se faire
conduire par la route de Fréjus et la route forestière de la Duchesse, à la
maison forestière de la Duchesse (*V.* p. 54; 40 k. all. et ret.; env. 50 fr.
voit. à 1 ou 2 chev., 3 pers.; 35 fr. landau à 4 pl., avec 2 h. d'arrêt), où
l'on déjeune des vivres emportés et d'où l'on monte à pied en 1 h. au
sommet du Vinaigre (*V.* p. 54); mais ces promenades ne sont pas tarifées et il faut s'entendre avec un loueur. — *V.* aussi p. 40, excurs. 6°.

Avec la carte et en dirigeant soi-même son cocher, on pourrait, de
Cannes, faire trois autres promenades très agréables dans l'Estérel : —
1° de Cannes au Tremblant, aux Trois-Termes, aux Suvières, Marsaou, la
Duchesse, le pont de l'Estérel, ret. par la route nationale 97; — 2° même
itinéraire de Cannes aux Trois-Termes, la Cadière, col Notre-Dame, col
des Lentisques, la ligne 108 jusqu'à la route du col Lévêque, descendre au
Trayas et revenir à Cannes par la route de la Nouvelle-Corniche; — 3° de
Cannes aux Adrets (déj.), le Malpey (d'où la voit. irait attendre à la
Duchesse les touristes qui voudraient ascensionner le Vinaigre), retour de
la Duchesse par la route forestière n° 1, le pont de l'Estérel et la route
nat. n° 97.

De Cannes à Fréjus.

PAR LE LOGIS DE L'ESTÉREL.

36 k. — Route nat. n° 97. — Voit. part. à 2 chev., 40 à 50 fr (pas de
tarif).

Sortant de Cannes par la rue, puis route de Fréjus, qui commence à la place de l'Hôtel-de-Ville, on laisse, à l'octroi, à g., la
route de la Napoule par la plage, puis, à dr., celle de (17 k. 8)
Grasse, par (7 k.) Pégomas. — La route de Fréjus, bordée de
platanes, traverse la fertile plaine alluvionnaire de Laval. Au
loin, à dr., montagnes calcaires de Grasse; en face l'Estérel, à g.,
la voie ferrée et la mer.

4 k. A g., champ du *Cannes Cricket-Club*; à dr., propriété
J.-B. Autran.

5 k. Pont en dos d'âne sur un ruisseau ombragé et butte de
Saint-Cassien.

6 k. 4. Pont en fer sur la Siagne, au delà duquel se détache,
à dr., la route de (4 k.) Mandelieu et (6 k. 8) Pégomas. On se
rapproche du massif de l'Estérel; la belle cime boisée du San-
Peyré (131 m.) s'avance à g. au-dessus de la tour de la Napoule.

7 k. 9. Bifurcation (poteau-ind.). On laisse à g. la route de la Corniche (*V.* p. 48) pour s'enfoncer dans l'Estérel. — Bois rabougris;
paysage sévère et triste.

8 k. 6. Petite montée. A g., champ de courses (hippodrome de
Minelle); à dr., *villa Minelle*.

9 k. 1. La route décrit un coude à dr. et pénètre dans le massif
proprement dit de l'Estérel, entre des roches volcaniques tapissées de pins. On franchit l'Argentière, puis on traverse le ham.
du *Tremblant*. A dr., *chalet Clémentine*, en face duquel s'ouvre à
g. un chemin qui aboutit à la route de la Napoule, par Maure-

vieille (promenade agréable); aussitôt après, borne du 10° k.; montée; peu de relief; aspect monotone.

10 k. 1. A g., belle paroi de roches déchiquetées, grises; à dr., rochers rouges.

11 k. A g. s'ouvre une route forestière conduisant à Agay par les Trois-Termes. Les bois deviennent plus épais. On parcourt un plateau, où la vue se transporte à dr. — 11 k. 3. Grand tournant très court et descente dans les pins et les chênes-liège.

11 k. 7. *Pont Saint-Jean*, limite entre les départ. des Alpes-Maritimes et du Var, au fond d'un ravin sauvage; au delà de ce pont, dans les prairies, à g., maisonnette dépendant du *domaine Saint-Jean de l'Estérel*, propriété privée de 375 hect. — Forte rampe. — A g., profond ravin et curieux rochers du massif du *Marsaou* (548 m.).

12 k. A g., avant la borne, chemin de desserte forestière qui descend dans le ravin. La route, dont les pentes sont tapissées de cistes, de lavandes et de genêts, est taillée dans le porphyre rouge. Quelques masures se montrent dans le fond du ravin, à g.

12 k. 3. Un instant la route plane, comme suspendue au-dessus de deux ravins boisés, puis la montée reprend. — 12 k. 6. Tournant : en arrière, échappée admirable sur la mer et l'île Sainte-Marguerite. A mi-côte, à g., une superbe roche polie et comme coupée au couteau se dresse au-dessus de quelques masures. — 13 k. La vue se transporte à dr. pendant 120 m., puis se reporte à g., en face d'une crête déchirée, avec de belles déchiquetures de la roche au sommet.

13 k. 560. *Logement de cantonniers*, sur une petite terrasse, à droite de la route.

14 k. A dr., chemin qui descend dans le profond ravin de l'Argentière. Des maisons se montrent, au delà de la gorge, étagées sur les flancs de la colline et, par deux échancrures de la crête, le regard embrasse un grand panorama de montagnes calcaires. — 14 k. 3. La vue se reporte à g., et la route descend un peu en pente douce. — 14 k. 4. En arrière, à g., on voit la mer, le fort Sainte-Marguerite, le mouillage du Frioul et l'île Saint-Honorat, la pointe de la Croisette, les hauteurs de Cannes, puis derechef la vue se reporte à dr. — 14 k. 850. La descente s'accentue; la route décrit successivement plusieurs coudes prononcés. Belles roches à g.; la vue s'étend des deux côtés. — 15 k. A dr., par delà une large échancrure, l'horizon des cimes calcaires s'élargit. A g., grandes pentes rocheuses couvertes de pins (superbes fougères sous bois).

16 k. *La Baraque*, chapelle, puis maisons à dr. de la route, en face d'un magnifique rideau de pins et en arrière d'une coupure par laquelle se montrent admirablement les montagnes calcaires. — Vue splendide sur le massif de Tanneron. — 16 k. 8. Tournant brusque à g. et descente rapide pour contourner un ravin. Durant ce contour, on a devant soi le ham. de l'Estérel. — 17 k. La route franchit le ravin (beaux boisements).

18 k. Dans un site superbe, on laisse à g. la route forestière de la Duchesse, tandis que la route de Fréjus tourne à dr., franchit un ravin sur le *pont de l'Estérel*, au pied de pentes couvertes d'oliviers à mi-côte, puis gravit une rampe prononcée au-dessus de belles prairies (à dr.), fortement inclinées.

18 k. 4. **Logis de l'Estérel** ou **auberge des Adrets** (*hôtel de l'Estérel* : pet. déj. 1 fr.; déj. 2 fr.; dîn. 2 fr. 50; ch. à 1 lit 1 fr. 50 et 2 fr., à 2 lits 2 fr. et 2 fr. 50; pens. 36 fr. par sem.; poste de secours du T.-C. F.), hôtel qui, avec quelques maisons, constitue, à 257 m. d'alt., tout le ham. de *l'Estérel*. L'hôtel est dans une situation ravissante, à dr. de la route, en face de châtaigniers énormes; il est ombragé de platanes et de gros ormes, sous lesquels coule une fontaine dont l'eau est d'une grande fraîcheur.

Au delà de l'hôtel, la route continue de s'élever. — 19 k. En se retournant, vue splendide sur Cannes; à dr., vue admirable sur la vallée de l'Argentière.

19 k. 3. Sommet de la rampe. La route descend, puis (19 k. 6) remonte en pente ménagée.

20 k. Au point culminant de la montée, dit *Logis de Paris* (314 m.), curieuse vue sur un dédale de ravins et de crêtes et croisement de routes : celle de dr. conduit au centre communal des Adrets; celle de g., qui s'élève au-dessus de la route de Fréjus, mène à la maison forestière du Malpey.

20 k. 1. La route, protégée par un mur de soutènement, offre à dr. une vue curieuse sur plusieurs lignes de crêtes très étrangement découpées (montagnes du Rouet et de Bagnols); elle se tient à peu près de niveau et à une grande hauteur.

21 k. 7. Après avoir traversé d'admirables boisements, un énorme lacet ramène la route en face de la section que l'on vient de parcourir, et au-dessus de laquelle on voit la route forestière du Malpey disparaître dans une tranchée rocheuse.

22 k. 2. A g. de la route, dans un retrait, fontaine ombragée. En face, à dr., grand horizon de montagnes calcaires. — 22 k. 8. Petite tranchée d'une centaine de m. dans les porphyres. — 23 k. 1. Descente en vue des montagnes des Maures. — A g., sur la hauteur, se montre la maison forestière du Malpey; du même côté, épais massif de beaux pins. — 23 k. 2. Coude. — L'horizon, en face, devient immense; les fourrés boisés, à g., sont splendides. — 23 k. 6. Superbe vue, en face, sur les tournants de la route et les boisements épais : au fond, cime conique boisée derrière laquelle s'estompe la grande ligne ondulée des Maures. — 23 k. 9. La route franchit un ravin. — 24 k. Brusque tournant vers la dr. — 24 k. 2. Echappée, à g., par une échancrure, sur la plage de sable de Saint-Raphaël et des indentations de la côte des Maures. — 25 k. 6. Vue de la Méditerranée et, un instant, de Saint-Raphaël.

25 k. 8. *Col d'Auriasque* : à dr., belle ouverture sur les montagnes, puis la descente continue dans un horizon restreint de

collines. La route déroule ses lacets monotones sur le flanc de croupes broussailleuses, qui s'inclinent (à g.) vers un maigre et tortueux ravin. Un peu avant le 26ᵉ k. on revoit Saint-Raphaël et la mer, puis un coin de la plage, et cette vision disparaît bientôt, pendant que la route, à flanc de coteau, franchit ou contourne plusieurs ravins.

27 k. La crête des Maures apparaît de nouveau à l'horizon. — 28 k. 3. La route, un instant surplombée à dr. par une grosse roche, franchit un ravin sur le *pont du Duc* (63 m.) et s'élève à dr. — 28 k. 9. Beaux horizons de montagnes au fond, à dr. — 29 k. Petite tranchée, puis la route tourne à g. et serpente à travers une brousse où se montrent quelques arbres (belles vues de montagnes en se retournant, après le premier lacet), et ensuite dans une plaine ondulée et boisée de pins. A g., apparaissent Valescure, Saint-Raphaël et la mer. Cette vue s'éclipse un peu avant le 30ᵉ k. (quelques beaux chênes-liège bordent la route) et reparaît, réduite et par échappées, 100 m. plus loin jusqu'à ce qu'enfin (31 k. 1; villa à g. de la route) le panorama se remontre pour un instant, dans l'ensemble et dans les détails.

31 k. 5. On laisse à g. la vieille route, dont le tracé est utilisé jusqu'à la maison forestière de la Louve, par la route forestière du Malpey, puis une succession de petites montées et descentes en ligne dr. amène (32 k.) sur un petit plateau, d'où l'on a une belle vue à g. sur Saint-Raphaël et le Lion de Mer. — 32 k. 2. En face se montre le clocher de Fréjus, au delà d'un massif d'arbres. On descend ayant les croupes des Maures devant soi; puis, laissant à g. (poteau indicateur) le Grand boulevard de Valescure, la route, bordée de maigres platanes, passe entre les tronçons de l'aqueduc romain, et pénètre dans la ville de Fréjus par l'avenue de Cannes, qui se continue par la rue Nationale, sur laquelle s'ouvre à dr. la rue de la Liberté, qui conduit à la gare du P.-L.-M.

36 k. Fréjus (*V.* p. 16).

3º LE MONT VINAIGRE

De Cannes au Mont Vinaigre.

A. En voiture.

Ascension recommandée, très belle et peu fatigante. — Nous engageons les touristes à utiliser l'itinéraire 1º à l'aller, l'itinéraire 2º au retour. La course du Vinaigre n'étant pas tarifée, il faut s'entendre de gré à gré avec un loueur; on demande généralement de 30 à 40 fr. pour une voit. à 3 places et 2 chev. Choisir un temps bien clair, de préférence une journée de mistral; quand ce vent souffle, la vue est superbe sur les grandes Alpes.

1º **Par la borne de l'Avelan** (21 k. en voit. jusqu'à la borne; 40 min. à pied de là au sommet). — 20 k. de Cannes au Logis de

Paris par la route nat. de Fréjus (*V.* ci-dessus, *De Cannes à Fréjus*).

On quitte la route de Fréjus pour prendre à g. l'ancienne route ou route du Malpey, qui s'élève au-dessus de la route nationale dans les pins.

20 k. 9. *Borne de l'Avelan*, gros pilier de limite, où l'on quitte la voit. (si l'on revient par l'itinéraire 2°, la voit. ira attendre à

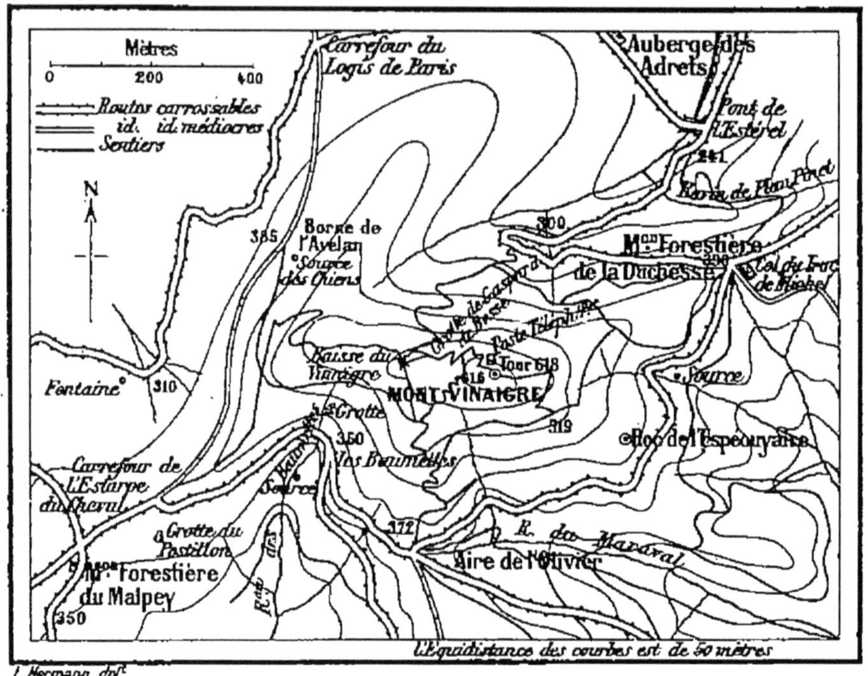

MASSIF DU MONT VINAIGRE.

la maison forestière de la Duchesse, où on la trouvera à la descente).

On prend à g. un sentier bien tracé, qui monte directement à travers bois au sommet.

40 min. **Sommet du Vinaigre** (616 m.; point culminant de l'Estérel), couronné par un signal et une tour-observatoire surmontée d'une perche. On pénètre dans la tour et, par un escalier, on arrive sur une plate-forme circulaire de 2 m. de diamètre, qui constitue un superbe belvédère.

Panorama splendide s'étendant, par temps clair, de Bordighera à la Sainte-Baume et à la montagne de Sainte-Victoire : au N., Montauroux, Caillan, Tourettes et, au pied de la montagne, de l'autre côté du Riou d'Argentière, les nombreux ham. de la comm. des Adrets; à l'O., Fréjus, le Puget-sur-Argens, Saint-Raphaël et le golfe de Saint-Tropez; à l'E., la baie de Cannes, le Cap d'Antibes, les îles de Lérins et la presqu'île de la Croisette; au S., tout le massif domanial de l'Estérel, le Cap Roux, le Pic d'Aurèle, etc.; comme fond d'horizon, les Grandes Alpes de Provence.

[Près du sommet, sur le versant N., à 50 m. au-dessus du sentier de la borne de l'Avelan, on peut visiter la *grotte de Gaspard de Besse*, excavation qui, suivant la légende, servit de retraite au fameux brigand.]

2° Par la Duchesse (20 k. en voit. jusqu'à la maison forestière de la Duchesse; 40 min. à pied de là au sommet, descente en 25 min.). — 18 k. de Cannes à la bifurcation, sur la route de Fréjus, de la route forestière de la Duchesse, *V.* ci-dessus.

Quittant la route nationale, on s'engage à g. dans la route forestière (pins superbes; à pied, prendre un petit sentier à g., qui traverse un petit vallon).

20 k. *Col du Truc de Michel* (390 m.), et *maison forestière de la Duchesse* (ainsi nommée en souvenir de la duchesse de Vallombrosa). Ici, il faut quitter la voit. et demander à la maison forestière le sentier du Vinaigre, à cause de la multiplicité des chemins. Le sentier du sommet se détache exactement du col, où il faut laisser à g. la route du Malpey, et gravit à dr. les flancs de la montagne, parmi des arbustes et des arbres grêles, dans un épais fourré de hautes bruyères. La végétation s'appauvrit à mesure qu'on approche de la cime, près de laquelle se trouvent quelques pieds de chêne rouvre. On passe sur un petit plateau boisé et l'on gravit le sentier, très raide à cause des éboulis sans ombrage.

40 min. Sommet (*V.* ci-dessus, 1°).

3° Par le Malpey (22 k. 5 en voit. jusqu'à la maison forestière du Malpey; 1 h. à pied de là au sommet). — 20 k. de Cannes au Logis de Paris par la route nat. de Fréjus (*V.* ci-dessus, *De Cannes à Fréjus*).

Prenant à g. la route du Malpey, on passe à côté de la borne de l'Avelan (*V.* ci-dessus, 1°), et l'on continue à s'élever au-dessus de la route de Fréjus, sur laquelle on a de belles échappées.

22 k. 5. *Maison forestière du Malpey* (vue superbe). Là, il faut mettre pied à terre et demander des renseignements, car on pourrait aisément se tromper.

On revient sur ses pas pendant 460 m. par la route forestière jusqu'au carrefour de l'Escarpe du Cheval et, un peu plus loin, on trouve à dr. un sentier que l'on gravit pendant 720 m.

20 min. Bifurcation : deux sentiers, montant tous deux au sommet du Vinaigre; l'un, à g., un peu plus long, est un peu moins raide que celui de dr.

50 min. à 1 h. Sommet (*V.* ci-dessus, 1°).

B. A pied.

15 min. en ch. de fer de Cannes à la Napoule; 4 h. 10 à pied de la Napoule au sommet; 3 h. à la descente jusqu'à la Napoule. — Partir de Cannes pour la Napoule par le 1er train du matin (*V.* l'*Indicateur*); emporter des provisions pour déj. à la descente ou aller déj. à l'auberge des

Maison forestière du Malpey, d'après une photographie de M. Leroy.

Adrets; on prendra à la Napoule un train qui ramènera à Cannes pour l'heure du dîner (consulter l'*Indicateur*).

Pour le trajet en ch. de fer de Cannes à la Napoule, *V.* p. 27.

On suit la rive g. du Riou d'Argentière, que l'on remonte jusqu'au pont à dos d'âne. Le pont franchi, on prend en face le sentier à travers champs qui va rejoindre la route nationale de Fréjus.

20 min. On aboutit à la route nationale un peu au delà du 9ᵉ k. de Cannes et l'on emprunte cette route, dans la direction de Fréjus, jusqu'au 11ᵉ k. (*V. de Cannes à Fréjus*).

45 min. Quittant la route de Fréjus, on s'engage à g. dans la route forestière des Trois-Termes, qui s'élève en pente douce sur le flanc O. d'un contrefort du *Mont Pelé* (*Pelet* de la carte), au pied duquel coule le ruisseau des Trois-Termes.

1 h. 15. Maigre ravin dans lequel se trouve une fougère assez rare dans cette région, la *blègne* (*Blechnum spicant*). La montée devient plus raide, et la route passe au pied d'énormes rocs nus de porphyre rouge.

1 h. 45. *Col des Trois-Termes* (309 m.) et, quelques mètres plus loin, *maison forestière des Trois-Termes* (fontaine d'eau excellente devant la maison), à g. de la route. Panorama superbe : à l'O., se dresse le Pelé; au N., le Marsaou; au S., les Suvières.

La route, suivant toujours la ligne de crêtes, descend la croupe des Suvières et décrit vers le S. de grands contours; puis elle se relève au N.-O.

2 h. 30. *Baisse Violette* (362 m.; 500 m. avant le col, on trouve l'*Allium siculum*, si recherché des botanistes, et dont ce point est l'*unique* station). La route oblique à l'O., puis monte légèrement d'abord, en forte rampe ensuite, sur les pentes du *Plan Pinet* (512 m.; bouquet de pins couronnant la cime).

3 h. 30. Col du Truc de Michel et maison forestière de la Duchesse (*V.* ci-dessus, *A*, 2°; demander le chemin à la maison forestière).

40 min. de là au sommet du Vinaigre (*V.* ci-dessus, *A*, 2°).

4 h. 10. Sommet du Vinaigre (*V.* ci-dessus, *A*, 1°).

On descend à la maison forestière de la Duchesse par le même sentier; là on se fera indiquer un sentier qui part du carrefour et mène en 15 min. au pont de l'Estérel, sur la route nat. de Cannes à Fréjus, à 150 m. de l'auberge des Adrets, où l'on déjeunera.

4 h. 30. Auberge des Adrets (*V.* p. 51).

[On pourrait aussi, de la maison forestière de la Duchesse, gagner l'auberge des Adrets : — 1° par la route forestière de la Duchesse, qui s'embranche sur la route de Fréjus un peu au-dessous de l'auberge des Adrets (2 k. de la maison forestière à la route nationale, en descente; 400 m. de montée de cette route à l'auberge); — 2° par un sentier (se faire indiquer) qui part du col même et va tomber sur la route forestière à un peu plus de 100 m. de son embranchement sur la route de Fréjus et, de là, à l'auberge comme ci-dessus, 1º. — Enfin, un bon marcheur pourra directement descendre en 20 min., par les bois, du sommet du Vinaigre, à l'auberge des Adrets (deux sentiers tracés dans la forêt conduisent directement du versant N. de la montagne à l'auberge).]

De l'auberge on descend à la Napoule par la route nationale (magnifiques vues).

10 k. 5 de l'auberge des Adrets à la bifurcation, sur la route de Cannes, de celle de la Napoule (poteau indicateur), *V.* p. 51. — Quittant la route de Cannes, on prend, à dr., la route de la Napoule, qui se tient dans la plaine, franchit le Riou, puis longe le sommet boisé du San-Peyré (131 m.), et aboutit (1 k. 8) à la voie ferrée à la halte de la Napoule.

7 h. (2 h. 30 de l'auberge des Adrets). Halte de la Napoule.

D'Agay au Mont Vinaigre.

A. En voiture.

13 k. de route forestière carrossable jusqu'à l'Aire de l'Olivier; 50 min. à 1 h. à pied de là au sommet.

On suit la route forestière nº 28 d'Agay à l'Aire de l'Olivier, par le Gratadis, les vallées du Perthus et du Maraval. — 150 m. Pont en fer sur la rivière d'Agay. — 3 k. Traversée à gué du Grenouiller. — 3 k. 5. Maison forestière du Gratadis. — 4 k. 2. Carrefour de Bellebarbe (pour la description du trajet jusqu'à ce col, *V.* ci-dessus, *du Trayas à Agay par le col Notre-Dame*, p. 40). — Laissant à dr. la route qui continue vers le Malinfernet, on monte à g. vers le N., et l'on franchit le ravin du Gratadis sur un ponceau. — 5 k. 7. *Col du Mistral.* On laisse à dr. la route des Trois-Termes, puis, 150 m. au delà, à g., la route du Perthus (*V.* ci-dessus, *d'Agay à la vallée de la Cabre*, p. 30), et l'on descend par des lacets bien ménagés vers la gorge et le pont du Perthus. — 6 k. 8. On remonte la vallée du Perthus jusqu'au pont du Pigeonnier (*V.* p. 31), au delà duquel la route passe sur la rive dr. du ravin, et s'élève en rampe accentuée sur les flancs de la montagne, laissant d'abord à g. la route de (30 min.) la Baisse des Charretiers (*V.* ci-dessous, *B,* 1º), et, de part et d'autre, de nombreux sentiers.

13 k. **Aire de l'Olivier** (372 m.), où l'on descendra de voiture.

[L'Aire de l'Olivier est l'un des nœuds importants de la topographie routière de l'Estérel. Voici, de l'O. à l'E. en passant par le N., les voies qui s'y croisent : — 1º à l'O., la route qui conduit à (30 min.) la maison forestière du Malpey, et sur laquelle s'embranche à g. (7 à 8 min.) la route conduisant aux Malvalettes; — 2º au N., le sentier s'élevant directement au Vinaigre; — 3º au N.-E., la route de (40 min.) la maison forestière de la Duchesse, Cannes, etc. ; — 4º à l'E., un sentier plongeant dans le fond de la vallée du Maraval; — 5º au S.-E., la route du Gratadis, par laquelle on est venu d'Agay, puis un chemin carrossable se dirigeant vers (30 min.) la maison forestière de la Baisse des Charretiers (*V.* ci-dessous, *B,* 1º), par le versant N. du Plan Estérel; — 6° enfin au S., une route aboutissant au même point (40 min.) par le versant S. dudit plateau.]

De l'Aire de l'Olivier, on gagne la cime du Vinaigre par le sentier qui monte en face de soi, au N.

50 min. à 1 h. Sommet du Vinaigre (*V.* ci-dessus).

B. A pied.

1° **Par Roussivau et la Baisse des Charretiers** (4 h. 25 de marche; course très recommandée). — 1 h. 50 d'Agay à la maison forestière de Roussivau, *V.* p. 31, *d'Agay à la vallée de la Cabre*, etc. Arrivé à la maison de Roussivau, on prend la route n° 50, qui passe derrière cette maison, et on la suit vers l'E., c'est-à-dire vers le pont du Perthus, pendant 1,200 m.; on trouve alors sur la g. un sentier qu'il faut prendre, et l'on gagne le plateau de Dissate, sous les rochers ou *Barres du Perthus*. Beaux bois de chênes-liège; maquis. Le sentier se glisse au milieu des blocs entassés et des escarpements, conservant un niveau presque constant à 200 m. d'altit. environ, au-dessus du ravin du Perthus, à dr. — 2 h. 15. On traverse en lacets une gorge étroite entre deux masses de porphyre (très belle vue en arrière sur Agay. etc.), on laisse à dr. un sentier horizontal qui conduirait au même but, mais après de nombreux détours, et l'on monte. — 2 h. 35. *Col* ou *Baisse Andoulette*, dépression dominée au N., en face, par le *Sommet de Baisse-Andoulette* (belle vue générale du centre de l'Estérel; mais on la retrouvera, plus étendue, au Vinaigre). — 2 h. 48. *Maison forestière de la Baisse des Charretiers* (277 m.), isolée à un col. De là, on peut gagner l'Aire de l'Olivier, soit par un chemin de 2 k. 4, bientôt réduit à la largeur de sentier, qui se détache au N. de la maison, dans un beau bois de chênes-liège, et suit le versant N. du plateau du Plan Estérel, soit par la route un peu plus longue (2 k. 8), qui se dirige vers l'O., en suivant le versant S. du plateau.

3 h. 25 env. Aire de l'Olivier (*V.* ci-dessus, *A*).

4 h. 15 à 4 h. 25. Sommet du Vinaigre (*V.* ci-dessus, p. 53).

2° **Par Roussivau et le col de Colle-Noire** (3 h. 35 à 4 h. 5 de marche; chemin le plus direct, mais moins pittoresque que le précédent). — 1 h. 50 d'Agay à la maison forestière de Roussivau, *V.* p. 31, *d'Agay à la vallée de la Cabre*, etc. On suit à l'O. de la maison forestière la route n° 50 dite de Fréjus, qui longe d'abord la rive g. du ravin des Migraniers, le traverse à gué, et remonte à g. au *col de Colle-Noire*. A ce point, croisement de trois routes et deux sentiers, il faut prendre à dr. le sentier qui monte au N. et s'élève rapidement, en suivant le flanc E. de la croupe très aiguë de l'*Esquine d'Ay* (dos ou échine d'âne). — 2 h. 50. On rejoint la route de la Baisse des Charretiers à l'Aire de l'Olivier (*V.* ci-dessus, 1°).

Le Pin du ponceau de Jausiers (route de Saint-Raphaël au Malpey).

3 h. 5 env. Aire de l'Olivier (*V.* ci-dessus, *A*).

3 h. 55 à 4 h. 5. Sommet du Vinaigre (*V.* ci-dessus, p. 58 et p. 5).

De Saint-Raphaël au Mont Vinaigre par le Malpey.

A. En voiture.

13 k. (route de voit.) de Saint-Raphaël au Malpey; 50 min. à 1 h. de là au sommet.

On sort de Saint-Raphaël par le boulevard de Valescure, et l'on prend à dr. le boulevard de Suveret, qui se prolonge par la route forestière n° 46, dite de Cannes.

5 k. *Pas du Lièvre*, entrée de la forêt domaniale, marquée par un écriteau. A partir de ce point, la route, qui gravit par des pentes ménagées les montagnes de l'Estérel, ne cesse de se développer au milieu de beaux bois, dont les éclaircies ménagent de pittoresques échappées sur le magnifique paysage environnant.

5 k. 6. Carrefour de *Colle-Douce*. — 7 k. Carrefour ou *col des Sacs*. — 8 k. 1. Superbes **rochers de Jausiers**, au pied desquels la route passe en encorbellement. — 9 k. 2. *Ponceau de Jausiers*, auprès d'énormes sujets de pin maritime.

10 k. *Col de Roche-Noire*. A quelques pas, à dr., à l'extrémité d'une large tranchée, se trouve le sommet du même nom, d'où l'on a une vue très étendue. La route pénètre dans la vallée de la Cabre, dont elle suit à peu près horizontalement le versant E. En face se développent les escarpements du Vinaigre. On traverse une superbe futaie. — 12 k. 5. On longe les bâtiments du Porfait.

13 k. Maison forestière du Malpey (*V.* ci-dessus, *de Cannes au mont Vinaigre, A*, 3°).

50 min. à 1 h. de là au sommet du Vinaigre (même renvoi). — Pour le panorama du Vinaigre, *V.* ci-dessus, *A*, 1°.

[On pourrait, si l'on ne veut pas revenir par le même chemin, envoyer la voit. attendre, pendant qu'on fera l'ascension, soit à la maison forestière de la Duchesse (recommandé), soit à l'auberge des Adrets. — On peut encore (très intéressant) descendre par la gorge N. (visiter la grotte de Gaspard de Besse) et remonter, par la route n° 1, qui gravit des croupes tapissées de bois superbes, à la maison forestière de la Duchesse, d'où l'on reviendra en voit. à Saint-Raphaël par la route n° 46.]

B. A pied.

3 h. 30 de marche. — *N. B.* Un grand nombre de chemins et de sentiers permettent de faire ce trajet au départ de Saint-Raphaël. Tous offrent un intérêt particulier ; mais nous recommandons spécialement l'itinéraire ci-après.

5 k. (1 h.) de Saint-Raphaël au Pas du Lièvre, entrée de la forêt domaniale, *V.* ci-dessus, *A.* — On prend à dr. le sentier de

la Louve. — 1 h. 10. *Maison forestière de la Louve.* On remonte le vallon de la Louve. Le chemin, d'abord carrossable, suit le thalweg jusqu'à son origine, puis se réduit à un sentier qui gravit des pentes rapides.

2 h. On débouche au *Pas de Jausiers* (252 m.), où se croisent six chemins ou sentiers. Tous ces sentiers, ouverts en plein bois, laissent apparaître aux cols et dans les clairières de ravissantes échappées sur des gorges profondes, admirablement boisées, sur les escarpements rocheux des sommets et, au loin, sur la mer, les montagnes des Maures et les Alpes. Il faut prendre l'un des deux chemins en montée qui se dirigent vers le N. : le plus élevé conduit, à travers de beaux bois, jusqu'au *Pas d'Adam*, puis, en prenant toujours à dr., au *col du Grand-Porfait* (329 m.) Là, nouveau carrefour de six sentiers : celui de g., qui se dirige vers le N., conduit directement à la maison du Malpey.

11 k. (2 h. 30). Maison forestière du Malpey (*V.* p. 54).

50 min. à 1 h. de là au sommet du Vinaigre (même renvoi). — Pour le panorama du Vinaigre, *V.* ci-dessus, p. 53.

N. B. — La vallée de la Louve (*V.* ci-dessus), et celle de l'Anguille, qui lui est parallèle à l'E., dans le voisinage de la maison forestière de la Louve, sillonnées de nombreux chemins et sentiers, offrent aux promeneurs désireux d'éviter des courses fatigantes les excursions les plus faciles, variées et charmantes. Pendant l'hiver, on y trouve des coins à l'abri de tous les vents.

Du Trayas au Mont Vinaigre.

V. l'itinéraire, p. 37, Excursions du Trayas, 3°

1185 08. — Coulommiers. Imp. Paul BRODARD. — 11-08.

Hôtel Fénelon, *11, rue Férou*
près de Saint-Sulpice). Chambres
de 2 à 5 fr.; au mois de 25 à 80 fr.
Repas, 2 fr. 25. Pension, 115 fr.

GRAND HOTEL DE NORMANDIE

4, rue d'Amsterdam, Paris

En face la gare St-Lazare

(V. à la fin des *Adresses Utiles*, p. 7).

Hôtel d'Oxford et de Cambridge, *13, rue d'Alger*, près des
Tuileries. Pension et service à la
carte. Table d'hôte. Maison de
famille, recommandée pour son
confortable et ses prix modérés.
Salle de bains. Lumière électrique.
TELEPHONE 217-26. Tarif franco sur
demande.

Hôtel de Seine

52, RUE DE SEINE

Paris, entre le Luxembourg, le
Louvre et la Gare d'Orsay. —
Remis à neuf. — Appartements
et chambres confortables depuis
2 fr. 50. — Service par petites
tables à volonté. — *English spoken.*

Bonhomme, Propriétaire.

THE AVENUE

Private apartments

157, rue de la Pompe, Paris
(avenue du Bois-de-Boulogne).
Appartements meublés avec ou
sans pension. Confort moderne.
Service très soigné. Clientèle anglaise et américaine. — Télégraphe :
Morbar. TELEPHONE 634-83

Hôtel Vignon, *23, rue Vignon*
(gare Saint-Lazare, Madeleine).
Chambres depuis 3 fr. 50. Pension
depuis 8 fr. Installation moderne.

TELEPHONE 311-10

INSTITUTIONS

INSTITUTION J.-B. DUMAS

Rue Oudinot, 23.

Directeur : A. SOLDÉ
Ingénieur des Arts et Manufactures

*Préparation à l'Ecole Centrale des Arts
et Manufactures, à l'Institut agronomique
et aux écoles d'agriculture; à l'école de
cavalerie de Saumur, aux baccalauréats.*

INTERNAT, DEMI-PENSION ET EXTERNAT
Nombre limité de pensionnaires (en chambre)

JARDIN

Institut Rudy, 53, avenue d'Antin, Paris. 48ᵉ année. Cours et
leçons. Langues, Lettres, Sciences,
Musique, Chant, Peinture, Danse,
Escrime, etc. 150 professeurs.

INSTITUTION

NOTRE-DAME-DE-SAINTE-CROIX

30, Av. du Roule, Neuilly, Paris

*Près la Porte Maillot et le
Bois de Boulogne*

Internat, demi-pension, externat.

ENSEIGNEMENT COMPLET

Depuis les classes enfantines jusqu'au
baccalauréat. — Cours d'Électricité industrielle. — Cours spacieuses, ombragées.

Abbé LITTER, DIRECTEUR

Institution A. Ruelle (C.-A.),
62, *avenue de Neuilly* (Neuilly-sur-Seine). — Baccalauréats. — Pension, demi-pension. — Externat. —
Vie de famille. — Récréations
au Bois de Boulogne.

LANTERNES

D'AUTOMOBILES

DENICH (A.), *144, rue Saint-Maur*, Paris. (Voir p. 50.)

GRAND HOTEL DE NORMANDIE

PARIS — 4, rue d'Amsterdam, 4 — PARIS

En face la gare Saint-Lazare

Salle de bains. Chauffage central. Restaurant à la carte et à prix fixe. Salon

ÉLECTRICITÉ — TÉLÉPHONE 279-05

Chambres de 3 à 15 fr. par jour et pension depuis 12 fr. par jour

ENGLISH SPOKEN — MAN SPRICHT DEUTSCH

V. DAVÈNE, Propriétaire

SOCIÉTÉ GÉNÉRALE

Pour favoriser le développement du Commerce et de l'Industrie en France
Société anonyme fondée en 1864

CAPITAL : 300 MILLIONS

Siège social : rue de Provence, 54 et 56, à Paris

AGENCES DANS LES DÉPARTEMENTS :

*Abbeville.
Agde.
* Agen.
*Aix-en-Provence
* Aix-les-Bains.
*Alais.
Albert.
Albertville.
» Albi.
* Alençon.
Ambert.
* Amboise.
* Amiens.
*Andelys (Les).
* Angers.
* Angoulême.
* Annecy.
Annemasse.
* Annonay.
*Apt.
*Arcachon.
* Argentan.
Argenton - sur - Creuse.
* Arles.
* Armentières.
* Arras.
* Aubagne.
*Aubenas.
*Aubusson.
* Auch.
Auray.
* Aurillac.
* Autun.
* Auxerre.
* Avallon.
Avesnes.
* Avignon.
Avize.
Avranches.
Ay.
*Bagnères-de-Bigorre.
*Barbentane.
Barbezieux.
*Bar-le-Duc.
Bar-sur-Aube.
Bar-sur-Seine.
Bayeux.
* Bayonne.
* Beaune.
* Beauvais.
* Belfort.
Bellegarde.
*Belley.
*Bergerac.
Bergues.
* Bernay.

* Besançon.
* Béziers.
* Biarritz.
* Blois.
Bléré.
* Blois.
Bohain.
Bolbec.
* Bordeaux.
* Boulogne-s-M.
* Bourbonne-les-Bains.
*Bourg.
* Bourges.
Bourgoin.
Bressuire.
* Brest.
* Briey.
* Brignoles.
* Brive.
* Caen.
* Cahors.
* Calais.
* Cambrai.
* Cannes.
* Carcassonne.
Carentan.
* Carpentras.
Castelsarrasin.
* Castres.
Caudry.
Cavaillon.
* Cette.
* Chalon-s-S.
* Châlons-s-M.
* Chambéry.
Chambon-Feugerolles.
Chantilly.
* Charleville.
Charmes.
Charolles.
* Chartres.
Châteaudun.
Châteaulin.
Châteauneuf-sur-Charente.
Châteaurenard.
* Châteauroux.
*Château-Thierry
Chaumont.
*Chauny.
Chazelles-s-Lyon
* Cherbourg.
* Chinon.
Clamecy.
*Clermont-Ferr.
Cluny.

* Cognac.
Comines.
* Compiègne
Gondom.
Contrexéville.
* Corbeil.
Cosne.
Coulommiers.
Coutances.
Creil.
Crest.
Creusot (Le).
* Dax.
* Denain.
* Dieppe.
Digoin.
* Dijon.
* Dinan.
Dinard.
* Dôle.
Domfront.
* Douai.
Doué-la-Fontaine
Doullens.
* Draguignan.
*Dreux.
* Dunkerque.
Elbeuf.
* Epernay.
* Épinal.
Estaires.
* Etampes.
* Eu.
Evian-les-Bains.
* Evreux.
Falaise.
Flèche (La).
Foix.
* Fontainebleau.
Fontenay-1-Comte
Feugerolles.
* Fourmies.
* Gaillac.
Gannat.
* Gap.
* Gien.
Gisors.
Givet.
Givors.
Gournay-en-Bray
*Granville.
* Grasse.
Graulhet.
Gravelines.
* Gray.
* Grenoble.
*Guingamp.
* Guise.

*Havre (Le).
Hirson.
* Honfleur.
* Hyères.
Issoudun.
Jarnac.
Jonzac.
* Jussey.
La Bassée.
Lagny.
* Laigle.
Langon.
Langres.
Lannion.
* Laon.
Lapalisse.
La Réole.
* Laval.
Lavaur.
Lavelanet.
* Lézignan.
Ligny-en-Barrois
* Lille.
* Limoges.
* Lisieux.
Loches.
Lodève.
* Longwy.
*Lons-le-Saunier
* Lorient.
Loudun.
* Louviers.
*Lunéville.
*Lure.
* Luxeuil.
*Lyon.
* Mâcon.
Mamers.
* Mans (Le).
* Mantes.
Marmande.
* Marseille.
*Maubeuge.
Mayenne
* Meaux.
* Melun.
* Menton.
Méru.
Merville.
Meulan.
Meursault.
Meymac.
Millau.
* Moissac.
* Montargis.
* Montauban.
Montbéliard.
*Mont-d-Marsan.

Montdidier.
*Monte-Carlo.
*Montélimar.
* Montereau.
* Montluçon.
* Montpellier.
*Montreuil-s-M.
Montrichard.
Moret-s.-Loing.
Morez-du-Jura.
* Morlaix.
* Moulins.
* Nancy.
* Nantes.
Nantua.
* Narbonne.
* Nemours.
* Nevers.
* Nice.
* Nîmes.
* Niort.
*Nogent-l-Rotrou
* Noyon.
Nuits-St-Georges
*Oloron-Sainte-
   Marie.
* Orléans.
*Orthez.
*Oyonnax.
* Pamiers.
Parthenay.
* Pau.
* Périgueux.
Péronne.
* Perpignan.
Pertuis.
*-Pézenas.
Pithiviers.
* Poitiers.
Pons.
*Pont-à-Mousson

*Pont-Audemer.
Pont-de-Beau-
   voisin.
Pontivy.
Pont-l'Evêque.
* Pontoise
* Provins.
* Puy (Le).
Quesnoy (Le).
* Quimper.
Redon.
* Reims.
Remiremont.
* Rennes.
Rethel.
Revel.
Rive-de-Gier.
* Roanne.
Rochefort-s-Mer.
* Rochelle (La).
*Roche-s.-Yon(La)
* Rodez.
Romans.
* Romilly-s-Seine
   Seine.
Romorantin.
* Roubaix.
* Rouen.
* Royan.
* Rueil.
Ruffec.
Saint-Affrique.
*Saint-Amand.
* Saint-Brieuc.
*Saint-Chamond
* Saint-Claude.
Saint-Cloud.
*-Saint-Dié.
*Saint-Dizier.
*. Saint-Etienne.
Saint-Flour.

Sainte-Foy-la-
   Grande.
* Saintes.
* Saint-Gaudens.
* Saint-Germain-
   en-Laye.
Saint-Girons.
* Saint-Jean-
   d'Angély.
* St-Jean-de-Lux
* Saint-Lô.
Saint-Loup-sur-
   Semouse.
* Saint-Malo.
* Saint-Nazaire.
* Saint-Omer.
* Saint-Quentin.
Saint-Remy-de-
   Provence.
Saint-Servan.
Salies-de-Béarn.
Salins-du-Jura.
Salon.
Sancoins.
* Sarlat.
* Saumur.
*Sedan.
* Semur.
* Senlis.
Senones.
* Sens.
Sèvres.
* Soissons.
* Tarare.
* Tarascon.
* Tarbes.
Terrasson.
* Thiers.
Thizy.
Thonon-les-Bains
*Thouars.

Tonnerre.
* Toul.
* Toulon.
* Toulouse.
Tourcoing.
*Tournus.
* Tours.
* Troyes.
* Tulle.
Tullins.
Uzès.
* Valence.
Valence-d'Agen.
* Valenciennes.
Valognes.
Valréas.
Vals-les-Bains.
* Vannes.
* Vendôme.
Verneuil-s.-Avre
* Vernon.
* Versailles.
Vervins.
* Vesoul.
* Vichy.
* Vienne.
Vierzon.
Villedieu-l-Poêles
* Villefranche-
   de-Rouergue.
*Villefranche-s.-
   Saône.
Villeneuve-s-Lot.
* Villeneuve-s-
   Yonne.
*Villers-Cotterets
Villeurbanne.
Vitré.
* Voiron.
Vouziers.
Yvetot.

Agences à l'Étranger :

Londres, Old Broad Street, 53, et St-Sébastien (Espagne), avenida de la Libertad, 37
La Société a, en outre, 88 Succursales, Agences et Bureaux à Paris et dans la
Banlieue, 183 Bureaux auxiliaires rattachés aux agences, et des Correspondants
sur toutes les places de France et de l'Etranger.
Correspondant en Belgique : Société Française de Banque et de Dépôts,
Bruxelles, 70, Rue Royale ; — Anvers, 22, Place de Meir.

OPÉRATIONS de la SOCIÉTÉ GÉNÉRALE :

Dépôts de fonds à intérêts en compte ou à échéance fixe (taux des dépôts de 1 an
à 35 mois : 3 0/0 ; de 3 ans à 47 mois : 3 1/2 0/0 ; de 4 à 5 ans : 4 0/0, net d'impôt et de
timbre) ; Ordres de Bourse (France et Etranger) ; Souscriptions sans frais ;
Vente aux guichets de valeurs livrées immédiatement (obligations de chemins
de fer, obligations et Bons à lots, etc.) ; Escompte et Encaissement de coupons
français et étrangers ; Mise en règle de titres ; Avances sur titres ;
Escompte et Encaissement d'effets de commerce ; Garde
de titres ; Garantie contre le remboursement au pair et
les risques de non-vérification des tirages ; Virements et chè-
ques sur la France et l'Etranger ; Lettres de crédit et
Billets de crédit circulaires ; Change de monnaies étrangères ; Assurances (vie, incendie, accidents), etc.

Service de coffres-forts et de compartiments de coffres-forts
au Siège social, dans les succursales, dans plusieurs bureaux et dans
un très grand nombre d'agences, depuis 5 fr. par mois ; tarif
décroissant en proportion de la durée et de la dimension. — (Demander les notices spéciales à tous les guichets de la Société.)

(*) Les agences marquées d'un astérisque sont pourvues d'un service de coffres-forts

CRÉDIT LYONNAIS

FONDÉ EN 1863

SOCIÉTÉ ANONYME – CAPITAL : 250 MILLIONS

ENTIÈREMENT VERSÉS

LYON, SIÈGE SOCIAL : PALAIS DU COMMERCE
PARIS : BOULEVARD DES ITALIENS, 19

AGENCES DANS PARIS

Place du Théâtre-Français, 3.
Rue Vivienne, 31 (Bourse).
Faubourg Poissonnière, 44.
Rue de Turbigo, 3 (Halles).
Rue de Rivoli, 43.
Rue Rambuteau, 14.
Boulevard de Sébastopol, 91.
Rue du Faub.-St-Antoine, 63.
Boulevard Voltaire, 43.
Rue du Temple, 201.
Boulevard Saint-Denis, 10.
Avenue de Villiers, 69.
Boulevard de Magenta, 81.
Avenue Kléber, 108.
Place Clichy, 16.
Boulevard Haussmann, 53.
Rue du Faub.-St-Honoré, 152.
Boulevard Saint-Germain, 58.
Boulevard Saint-Michel, 20.
Faubourg du Temple, 68.
Avenue Bosquet, 36.
Rue de Rennes, 66.

Boulevard Saint-Germain, 205.
Avenue des Gobelins, 14.
Rue de Flandre, 30.
Rue de Passy, 64.
Rue d'Auteuil, 43.
Avenue des Ternes, 37.
Boulevard de Bercy, 1.
Avenue des Champs-Elysées, 55.
Rue Lafayette, 50.
Avenue d'Orléans, 19.
Place Victor-Hugo, 7.
Boulevard Haussmann, 132.
Rue Saint-Antoine, 62.
Rue Royale, 44.
Rue Lecourbe, 2.
Boulevard de Courcelles, 5.
Boulevard Voltaire, 113.
Boulevard Barbès, 5.
Avenue Marceau, 44.
Boulevard Haussmann, 188.
Rue des Martyrs, 62.
Place de Rennes, 6.

NEUILLY-SUR-SEINE, avenue de Neuilly, 26.
SAINT-DENIS, rue de Paris, 52.
BOULOGNE-SUR-SEINE, boulevard de Strasbourg, 1.
SAINT-MANDÉ, place de la Tourelle, 5.
LEVALLOIS-PERRET. rue de Courcelles, 91.
ASNIÈRES, Grande-Rue, 32.
NOGENT-SUR-MARNE, Grande-Rue, 166.
PANTIN, rue de Paris, 62. | CHARENTON, rue de Paris, 79

LE FIGARO

Six pages tous les jours

DIRECTEUR :

Gaston CALMETTE

INFORMATIONS

LE FIGARO est outillé de manière à fournir sur chaque événement important, en France et à l'étranger, l'information la plus rapide, la plus complète, la plus sûre. Il a, depuis sa nouvelle direction, un service spécial de dépêches de la dernière heure qui lui sont envoyées de toutes les grandes capitales.

Ouvert à tous les partis, journal indépendant, frondeur, LE FIGARO est devenu la tribune la plus libre et la plus retentissante.

C'est le journal le plus répandu du monde entier.

CHAQUE SEMAINE

Dessins d'Actualité

FORAIN, Abel FAIVRE, A. GUILLAUME, DE LOSQUES

Supplément littéraire

AVEC

UNE PAGE DE MUSIQUE INÉDITE

TOUS LES SAMEDIS

Five o'Clock

Pendant la saison d'hiver, LE FIGARO donne, dans son hôtel, des concerts auxquels sont invités, à tour de rôle, ses abonnés. Les abonnés des départements et de l'étranger, de passage à Paris, reçoivent aussi des invitations sur leur demande.

PUBLICITÉ

Les services de Publicité liés à la rédaction sont installés dans l'hôtel du FIGARO, 26, rue Drouot.

La publicité du FIGARO est la plus recherchée.

ABONNEMENTS

	Paris et S.-et-Oise	Départem	Étranger.
Un an . . .	60 fr.	75 fr. »	86 fr. »
Six mois .	30 fr.	37 fr. 50	43 fr. »
Trois mois.	15 fr.	18 fr. 75	21 fr. 50

JOURNAL DES DÉBATS

Politiques et Littéraires

Grand journal quotidien

FONDÉ EN 1789

17, rue des Prêtres-Saint-Germain-l'Auxerrois, Paris (1er)

10 centimes le numéro

Principaux collaborateurs : MM. RENÉ BAZIN, PAUL BOURGET, PAUL DESCHANEL, député ; EMILE FAGUET, EMILE GEBHART, HENRY HOUSSAYE, ERNEST LAVISSE, JULES LEMAITRE, ALBERT VANDAL, MELCHIOR DE VOGÜÉ, *membres de l'Académie française.*

MM. EDOUARD AYNARD, GEORGES BERGER, députés ; PHILIPPE BERGER, J. BOURDEAU, XAVIER CHARMES, HENRY JOLY, ANATOLE LEROY-BEAULIEU, PAUL LEROY-BEAULIEU, G. MASPERO, DE MOLINARI, GEORGES PERROT, ERNEST REYER, *membres de l'Institut.*

MM. ARVÈDE BARINE, JACQUES BARDOUX, HENRI BIDOU, PAUL BLUYSEN, R. BOURBAU. ROBERT DE CAIX, J. CHAILLEY-BERT, HENRI CHANTAVOINE, FRANCIS CHARMES, sénateur, JEAN-CHARLES ROUX, MAURICE COLIN, député, EMILE COMBE, docteur DARBAS, MAURICE DEMAISON, JULES DIETZ, RENÉ DOUMIC, AUGUSTIN FILON, J.-H. FRANKLIN, H. GRENET, ANDRÉ HALLAYS, ADOLPHE JULLIEN, RAYMOND KOECHLIN, Dr MARCEL LABBÉ, ANATOLE LE BRAZ, CHARLES LEGRAS, JULES LEGRAS, ANDRÉ LIESSE, CHARLES MALO, ANDRÉ MICHEL, MAURICE MURET, HENRI DE PARVILLE, EDOUARD PAYEN, ALBERT PETIT, ARTHUR RAFFALOVICH, EDOUARD ROD, EUGÈNE ROSTAND, EDOUARD SARRADIN, CHRISTIAN SCHEFER, H. WELSCHINGER, DANIEL ZOLLA, etc., etc.

ADRESSE TÉLÉGRAPHIQUE : **DÉBATS-PARIS**

TÉLÉPHONE : **Administration, 103.00 ; Rédaction, 103.01 Informations, 103.02**

PRIX DE L'ABONNEMENT :

	TROIS MOIS	SIX MOIS	UN AN
France, Colonies et Alsace-Lorraine.	10 fr.	20 fr.	40 fr.
Union postale.	16 fr.	32 fr.	64 fr.

Les abonnements partent du 1er et du 16 de chaque mois

NOTA. — Le service du journal est fait gratuitement, pendant huit jours, sur demande affranchie adressée à l'administration du journal.

LE SOLEIL

GRAND JOURNAL QUOTIDIEN

6 PAGES — 2 FEUILLETONS

112, r. de Richelieu et 21, boul. Montmartre

Adresse télégraphique : LEILOS-PARIS

TÉLÉPHONE : 102-16

Directeur : Ernest RENAULD

Tarif des Abonnements :

France et Algérie.

Un an	Six mois	Trois mois	Un mois
20 fr. »	10 fr. »	5 fr. »	2 fr. »

Union postale.

30 fr. »	15 fr. »	7 fr. 50	3 fr. »

PUBLICITÉ

Pour la publicité, s'adresser soit aux bureaux du journal, soit à la maison Lagrange et Cerf, place de la Bourse.

La Vie Parisienne

Journal illustré

Mœurs élégantes
Choses du jour
Théâtres et musique
Critique de la mode
Voyages et sports

Boulevard des Capucines, 20

La Vie parisienne n'a pas de similaire parmi les journaux illustrés français. Par son indépendance, son dilettantisme, la légèreté d'allures de ses articles et l'originalité de ses dessins, par le ton libre qu'elle prend pour juger hommes et choses, elle est l'expression élégante de l'esprit et du goût parisien le plus fin, dont elle a toujours su conserver la formule.

Tous ceux qui se sont fait un nom dans la littérature ou au théâtre ont débuté ou collaboré à *la Vie parisienne*. Citons : MEILHAC, HALÉVY, TAINE, DROZ, marquis DE MASSA, ABOUT, NISARD, duc DE MORNY, FRÉDÉRIC MASSON, ABEL HERMANT, GYP, HENRI LAVEDAN. PAUL BOURGET, MAURICE DONNAY, VANDEREM, PIERRE VEBER, MARNI, VALDAGNE, RICHARD O'MONROY, Comte R. DE MONTESQUIOU, etc.

Le clubman
La femme élégante
L'artiste et l'homme de lettres
Le militaire et le marin

Lisent la Vie parisienne

TOUS LES SAMEDIS, UN NUMÉRO : 60 CENTIMES
ABONNEMENTS. France : Un an, 30 fr.; six mois, 16 fr.; trois mois, 8 fr. 50
Étranger, le port en sus

CHEMINS DE FER
PARIS-LYON-MÉDITERRANÉE

L'HIVER A LA COTE D'AZUR
De PARIS à la COTE-D'AZUR en 13 heures

soit par le train de jour *Côte-d'Azur rapide*, soit par le train extra-rapide de nuit
Consulter les affiches ou les indications

FÊTES DE NICE

À l'occasion : 1° des *Fêtes de Noël et du Jour de l'an*; 2° des *Courses de Nice*;
3° du *Carnaval de Nice*; des *Régates internationales de Cannes et de Nice* et des
vacances de Pâques; des

BILLETS D'ALLER ET RETOUR DE 1re ET 2e CLASSES

sont délivrés pour Cannes, Nice, Menton, par les gares désignées ci-après :
Paris, Belfort, Vésoul, Besançon, Gray, Nevers, Is-sur-Tille, Dijon,
Genève, Clermont-Ferrand, Saint-Etienne, Lyon (Perrache et Brot-
teaux), Grenoble, Valence, Avignon, Cette, Nimes.
Les dates d'émission de ces billets sont annoncées au public par des affiches,
quelques jours à l'avance.

La *validité* desdits billets est de 20 *jours*, y compris le jour du départ, avec faculté
de prolongation de deux périodes de 10 jours, moyennant payement, pour chaque
période, d'un supplément égal de 10 0/0 du prix du billet.

Les voyageurs peuvent s'arrêter, tant à l'aller qu'au retour, à deux gares de leur
choix, à condition de faire viser leur billet dès l'arrivée à la gare d'arrêt.

Billets d'aller et retour collectifs (*de Famille*)
DE
STATIONS HIVERNALES

pour Nice, Cannes, Menton, Hyères, Saint-Raphaël, etc.
Délivrés dans toutes les gares du réseau P.-L.-M.

1° — Billets d'aller et retour collectifs de 1re 2e et 3e classes
VALABLES 33 JOURS

Délivrés du 15 Octobre au 15 Mai sous condition d'effectuer un minimum de
parcours simple de 150 kilomètres, aux familles d'au moins trois personnes voyageant
ensemble pour les stations hivernales suivantes : Toulon, Hyères et toutes les gares
situées entre Saint-Raphaël-Valescure, Grasse, Nice et Menton inclusivement.

2° — Billets d'aller et retour collectifs de 2e et 3e classes
VALABLES JUSQU'AU 15 MAI

Délivrés du 1er Octobre au 15 Novembre aux familles composées d'au moins
trois personnes voyageant ensemble pour Toulon et toutes les gares P.-L.-M. situées
au delà. Le parcours simple doit être d'au moins 400 kilomètres.

Le coupon d'aller de ces billets n'est valable que du 1er Octobre au 15 Novembre.

Le prix des billets d'aller et retour collectifs indiqué ci-dessus s'obtient en ajoutant
au prix de quatre billets simples ordinaires (pour les deux premières personnes), le prix
d'un billet simple pour la troisième personne, la moitié de ce prix pour la quatrième et
chacune des suivantes. — Arrêts facultatifs. — Faire la demande de billets 4 jours au
moins à l'avance, à la gare de départ.

Bains de Mer de la Méditerranée

BILLETS D'ALLER ET RETOUR
à prix très réduits

individuels ou collectifs de famille

DÉLIVRÉS DANS TOUTES LES GARES DU RÉSEAU P.-L.-M.

du 15 Mai au 1er Octobre

Validité : 33 jours, avec faculté de prolongation (1).

1° Billets d'Aller et Retour individuels de Bains de Mer de 1re, 2e et 3e classes

Ces billets sont délivrés pour les stations balnéaires désignées ci-après :

Agay, Aigues-Mortes, Antibes, Bandol, Beaulieu, Cannes, Cassis, Cette, Golfe-Juan-Vallauris, Hyères, Juan-les-Pins, La Ciotat, La Seyne-Tamaris-sur-Mer, Menton, Monaco, Monte-Carlo, Montpellier, Nice, Ollioules-Sanary, Palavas, Saint-Cyr-La Cadière, Saint-Raphaël-Valescure, Toulon et Villefranche-sur-Mer.

Minimum de parcours simple : 150 kilomètres.

Prix : Le prix des billets est calculé d'après la distance totale, aller et retour, résultant de l'itinéraire choisi et d'après un barème faisant ressortir des réductions importantes.

2° Billets d'Aller et Retour Collectifs de Bains de Mer de 1re, 2e et 3e classes pour Familles

Ces billets sont délivrés aux familles d'au moins deux personnes, voyageant ensemble, pour les stations balnéaires désignées ci-dessus.

Minimum de parcours simple : 150 kilomètres.

Le prix s'obtient en ajoutant au prix de deux billets simples au tarif général (pour la première personne), le prix d'un billet simple pour la deuxième personne, la moitié de ce prix pour la troisième et chacune des suivantes.

Nota. — Les titulaires de billets de Bains de mer collectifs peuvent obtenir, conjointement avec ces billets ou sur la présentation de ceux-ci, des cartes d'abonnement d'un mois avec 50 0/0 de réduction sur le prix des abonnements ordinaires pour un parcours d'au plus 100 kilomètres comprenant la plage désignée sur le billet de Bains de mer. Ces cartes d'abonnement peuvent être prises isolément par chacune des personnes nommément *désignées* sur le billet d'aller et retour collectif.

Ces billets donnent aux Voyageurs la faculté de s'arrêter aux gares situées sur l'itinéraire

Faire la demande de billets (individuels ou collectifs) quatre jours au moins avant le départ à la gare où le voyage doit être commencé.

---

(1) La durée de validité peut être prolongée une ou plusieurs fois de 15 jours moyennant le payement, pour chaque prolongation, d'un supplément égal à 10 0/0 du prix du billet.

VILLES D'EAUX
DESSERVIES PAR LE RÉSEAU P.-L.-M.

1° Billets d'aller et retour collectifs de 1re, 2e et 3e classes
Valables 33 jours, avec faculté de prolongation

Il est délivré, du **1er mai** au **15 octobre**, dans toutes les gares du réseau P.-L.-M., sous condition d'effectuer un parcours simple minimum de 150 kilomètres, aux familles d'au moins trois personnes voyageant ensemble, des billets d'aller et retour collectifs de 1re, 2e et 3e classes, pour les stations thermales du réseau et notamment pour : **Aix-les-Bains, Clermont-Ferrand (Royat), Vichy, Evian-les-Bains**, etc.

Le prix des billets s'obtient en ajoutant au prix de quatre billets simples ordinaires (pour les deux premières personnes) le prix d'un billet simple pour la troisième personne, la moitié de ce prix pour la quatrième et chacune des suivantes.

2e Billets d'aller et retour individuels de 1re, 2e et 3e classes
Valables 10 jours, avec faculté de prolongation

Il est délivré, du 1er mai au 31 octobre, dans toutes les gares du réseau, des billets d'aller et retour de 1re, 2e et 3e classes comportant une réduction de 25 0/0 en 1re classe, et de 20 0/0 en 2e et 3e classes, pour les stations dénommées ci-dessus.

Ces billets donnent aux Voyageurs la faculté de s'arrêter aux gares situées sur l'itinéraire

Faire la demande de billets (collectifs ou individuels), quatre jours au moins à l'avance, à la gare où le voyage doit être commencé.

Billets de Vacances à prix réduits

Il est délivré, aux familles d'au moins trois personnes, des billets d'aller et retour collectifs de vacances de 1re 2e et 3e classes, de toutes gares P.-L.-M. à toutes gares P.-L.-M., sous condition d'effectuer un parcours simple minimum de 300 kilomètres ou de payer pour ce parcours :

1° Du jeudi qui précède la Fête des Rameaux, au Lundi de Pâques inclus.

Durée de validité : 33 jours avec faculté de prolongation d'une ou plusieurs périodes de 15 jours, moyennant le payement, pour chaque prolongation, d'un supplément de 10 0/0 de la valeur du billet collectif.

2° Du 15 juin au 15 septembre. Validité : jusqu'au 1er novembre.

Le prix s'obtient en ajoutant au prix de quatre billets simples (pour les deux premières personnes), le prix d'un billet simple pour la troisième personne, la moitié de ce prix pour la quatrième et chacune des suivantes.

Lorsqu'un billet de vacances ne comprend que trois voyageurs, ceux-ci sont tenus de voyager ensemble à l'aller et au retour; lorsqu'un billet de vacances comprend plus de trois voyageurs, trois d'entre eux au moins sont tenus de voyager ensemble à l'aller et au retour; les autres ont la faculté, quand la demande du billet collectif en fait mention, de voyager isolément dans des conditions déterminées.

Les voyageurs ont la faculté de s'arrêter sur le réseau P.-L.-M. à toutes les gares de l'itinéraire.

Faire la demande de billets, quatre jours au moins à l'avance, à la gare de départ.

CHEMIN DE FER D'ORLÉANS
Billets d'Aller et Retour Collectifs de Famille
EN 1re, 2e ET 3e CLASSES
A L'OCCASION DES VACANCES

délivrés de toute station du réseau située à 125 kil. au moins du point de destination choisi. (Pour les stations balnéaires et thermales ce minimum est réduit à 60 kil.)

1° Vacances de Pâques, du jeudi qui précède la Fête des Rameaux inclus au Lundi de Pâques inclus, validité 33 jours sans prolongation, réduction variant de 20 à 50 0/0 suivant le nombre de personnes (il peut être délivré au chef de famille, qui a d'ailleurs la faculté de revenir seul à son point de départ, une carte d'identité lui permettant de voyager isolément à moitié prix pendant la durée de villégiature de la famille).

2° Grandes Vacances, à partir du 1er juillet avec validité sans supplément jusqu'au 1er novembre inclus: réduction des aller et retour ordinaires pour les 3 premières personnes, du 50 0/0 pour la 4e, et de 75 0/0 pour la 5e et les suivantes sans que toutefois la réduction par personne puisse excéder 50 0/0. (Le chef de famille bénéficie des avantages mentionnés ci-dessus).

En outre, les membres de la famille au-dessus de 3 personnes ont la faculté d'effectuer, isolément leur voyage d'aller et retour à la condition d'acquitter préalablement à la gare de départ le prix d'un billet au tarif militaire.

Bains de Mer et Excursions sur les Plages de Bretagne

Billets d'aller et retour individuels délivrés de toute gare du réseau :

Du jeudi qui précède la Fête des Rameaux au 31 octobre, valables 33 jours avec faculté de prolongation, réduction pouvant s'élever suivant le rayon de délivrance à 40 0/0 en 1re classe, 35 0/0 en 2e classe et 30 0/0 en 3e classe.

Billets d'aller et retour collectifs de famille en 1re, 2e et 3e classes délivrés de toute station du réseau distante du point de destination choisi :

de 60 kilomètres au moins pour les stations balnéaires

de 125 — — pour les autres stations.

1° Pour les stations balnéaires, du jeudi qui précède la Fête des Rameaux inclus au 1er octobre inclus, validité deux mois avec faculté de prolongation ;

2° Vacances de Pâques ; } Voir ci-dessus,

3° Grandes vacances. } Chapitre spécial « Vacances »·

Billets spéciaux d'excursion aux plages de Bretagne à itinéraire tracé à l'avance permettant de visiter Le Croisic, Guérande, Saint-Nazaire, Savenay, Questembert, Ploërmel, Vannes, Auray, Pontivy, Quiberon, Le Palais (Belle-Ile en Mer), Lorient, Quimperlé, Rosporden, Concarneau, Quimper, Douarnenez, Pont-l'Abbé, Châteaulin, délivrés du 1er mai au 31 octobre, validité 30 jours avec faculté de prolongation.

Prix : 45 francs en 1re classe, 36 francs en 2e classe.

Le voyage peut être commencé à l'un quelconque des points situés sur le parcours.

Cartes de libre circulation individuelles et de famille au départ de toute gare de réseau, en 1re et 2e classes, sur les lignes desservant les plages du Sud de la Bretagne délivrés du jeudi qui précède la Fête des Rameaux au 31 octobre, et valables 33 jours avec faculté de prolongation.

Réduction pour les familles variant de 10 à 50 0/0 selon le nombre de personnes.

PYRÉNÉES ET GOLFE DE GASCOGNE

Billets d'aller et retour individuels pour les stations thermales, balnéaires et hivernales délivrés toute l'année de toutes les gares du réseau, valables 33 jours avec faculté de prolongation et comportant une réduction de 25 0/0 en 1re classe et de 20 0/0 en 2e et 3e classes.

Billets d'aller et retour de famille pour les stations thermales, balnéaires, et hivernales délivrés toute l'année de toutes les stations du réseau, réduction de 20 à 40 0/0 suivant le nombre de personnes, validité 33 jours avec faculté de prolongation.

Billets d'excursion délivrés toute l'année au départ de Paris avec 3 itinéraires différents, via Bordeaux ou Toulouse, permettant de visiter Bordeaux, Arcachon, Dax, Bayonne, Pau, Lourdes, Luchon, etc., validité 80 jours avec faculté de prolongation ; prix : 2e itinéraire : 1re classe, 163 fr. 50 ; 2e classe, 122 fr. 50. Prix : 1er et 3e itinéraires : 1re classe, 164 fr. 50 ; 2e classe, 123 francs.

Cartes d'excursions individuelles et de famille dans le centre de la France et les Pyrénées, divisés en 5 zones, délivrées au départ de Paris et des principales gares du réseau du 15 juin au 15 septembre et donnant aux voyageurs le droit de circuler à leur gré dans la zone de libre circulation choisie par eux, validité un mois avec faculté de prolongation.

Pour les billets de famille, la réduction varie suivant le nombre des personnes de 10 à 50 0/0.

NOTA. — Pour plus amples renseignements consulter le *Livret Guide Officiel* de la Compagnie d'Orléans adressé *franco* contre l'envoi de 0 fr. 50 à l'Administration Centrale du chemin de fer d'Orléans, 1, place Valhubert, à Paris, bureau du Trafic-Voyageurs (Publicité).

BILLETS DE BAINS DE MER

Valables 33 jours, non compris le jour du départ

Billets d'aller et retour, à validité prolongeable, délivrés du jeudi précédant la fête des Rameaux au 31 octobre

1° — BILLETS DE BAINS DE MER
AU DÉPART DE PARIS

De PARIS (Montparnasse) ou de PARIS (quai d'Orsay, pont St-Michel ou Austerlitz) par toute voie État via Chartres et Saumur ou via Chartres et Chinon ou par Tours transit) aux gares ci-après et retour.	PRIX ALLER ET RETOUR					
	Section I sans faculté d'arrêt aux gares intermédiaires.			Section II § 1. Faculté d'arrêt entre CHARTRES ou TOURS et la station balnéaire.		
	1re cl.	2e cl.	3e cl.	1re cl.	2e cl.	3e cl.
Royan	71 30	52 40	38 10	80 65	61 20	43 50
La Tremblade (Ronce-les-Bains)	74 25	54 20	39 »	89 80	63 30	45 55
Le Chapus	67 90	49 10	35 »	77 05	58 20	40 »
Le Château-Qual (île d'Oléron)	68 70	50 60	36 20	78 55	59 70	41 20
Marennes	66 25	48 35	34 50	76 10	57 50	39 45
Fouras	63 90	46 50	33 20	73 75	55 75	37 90
Châtelaillon	62 35	46 10	32 40	71 95	55 25	37 05
Angoulins-sur-Mer	61 80	45 70	32 15	71 85	54 75	36 70
La Rochelle (ville)	61 10	45 10	31 80	70 50	54 20	36 30
La Rochelle-Pallice (île de Ré)	61 95	55 75	32 20	71 50	54 93	35 80
L'Aiguillon-Port. Via Chantonnay-Transit.	69 40	45 60	31 75	67 60	55 50	35 75
L'Aiguillon-Port. Via Luçon-Transit.	61 35	45 95	32 25	70 40	55 95	36 65
La Tranche. Via Chantonnay-Transit.	61 90	68 10	34 25	70 10	57 »	38 25
La Tranche. Via Luçon-Transit.	63 85	48 45	34 75	72 90	58 15	39 15
Les Sables-d'Olonne	62 60	46 30	32 55	72 25	56 95	37 20
Saint-Hilaire-de-Riez (Sion)	61 90	46 10	32 40	74 20	58 70	37 05
Saint-Gilles-Croix-de-Vie (Sion)	61 55	46 55	32 70	74 50	57 30	37 35

De PARIS-MONTPARNASSE, St-LAZARE ou INVALIDES par Segré et Nantes-État transit ou Angers St-Laud transit et Nantes-Orléans transit, aux gares ci-après et retour.				§ 2. Faculté d'arrêt entre Sablé-Painné incl. et la station balnéaire.		
	1re cl.	2e cl.	3e cl.	1re cl.	2e cl.	3e cl.
Challans (Île de Noirmoutier, Île d'Yeu, Saint-Jean-de-Monts)	69 35	44 65	31 95	71 35	50 65	35 85
Bourgneuf-en-Retz	58 50	42 90	30 10	66 50	48 90	34 10
Les Moutiers	58 50	43 30	30 40	66 50	49 30	34 40
La Bernerie	58 50	43 55	30 60	66 50	49 55	34 60
Pornic (Île de Noirmoutier) (1)	58 80	44 50	31 15	66 80	55 30	35 15
Saint-Père-en-Retz (Saint-Brevin-l'Océan)	58 50	43 50	30 65	66 50	49 50	34 65
Paimbœuf (Saint-Brevin-l'Océan)	59 05	43 50	30 80	67 05	49 50	31 80

2° — BILLETS DE BAINS DE MER
AU DÉPART DES GARES AUTRES QUE PARIS, VALABLES 33 JOURS
non compris le jour du départ

Ces billets sont délivrés par toutes les gares, stations et haltes du réseau de l'État (Paris excepté), pour toutes les stations balnéaires désignées ci-dessus. Ils comportent les mêmes réductions de prix que les billets d'aller et retour ordinaires et donnent le droit de s'arrêter aux gares intermédiaires.

Dispositions spéciales au 1° et au 2°

Enfants. — Les enfants de 3 à 7 ans payent moitié du prix des billets de bains de mer.

Prolongation de la durée de validité. — La durée de validité peut être prolongée de 30 jours, moyennant un supplément égal à 10 0/0 du prix du billet. Cette prolongation peut être accordée deux fois au plus ; le supplément à payer pour chaque prolongation de 30 jours est de 10 0/0 du prix primitif.

3° — BILLETS DE BAINS DE MER
A VALIDITÉ RÉDUITE, SANS FACULTÉ DE PROLONGATION

A) Billets de toutes classes valables pendant 5 jours, du vendredi de chaque semaine au mardi suivant, ou de l'avant-veille au surlendemain d'un jour férié. — Leurs prix sont ceux des billets simples augmentés d'un dixième avec minimum de perception par place de 12 fr. en 1re classe, de 9 fr. en 2e classe et de 6 fr. en 3e classe.

B) Billets de 2e et de 3e classes délivrés par toutes les gares du réseau de l'État situées au sud de la Loire, valables un jour seulement, le dimanche ou un jour férié. — Leurs prix sont les deux tiers de ceux des billets de bains de mer de 33 jours, avec minimum de perception par place de 4 fr. en 2e classe et de 2 fr. 50 en 3e classe.

Pour les conditions d'utilisation des billets de bains de mer, voir les Tarifs G. V. n° 105 et 106.

(1) Un service régulier de bateaux à vapeur est organisé entre Pornic et Noirmoutier pendant la période du 1er juillet au 30 septembre.

ABONNEMENTS DE BAINS DE MER

Des cartes d'abonnement de Bains de mer valables un mois, trois mois ou six mois et comportant une réduction de 40 0/0 sur les prix des cartes ordinaires d'abonnement de même durée, sont délivrées chaque année, a partir du jeudi précédant la fête des Rameaux jusqu'au 31 octobre pour les cartes d'un ou trois mois, et jusqu'au 31 juillet pour les cartes de six mois. Ces cartes ne sont délivrées qu'aux personnes qui prennent en même temps au moins trois billets ordinaires ou de bains de mer.

(Pour les autres conditions, voir le Tarif spécial G. V. n° 3.)

BILLETS D'ALLER ET RETOUR DE FAMILLE
POUR LES VACANCES
Valables 33 jours, non compris le jour du départ

Délivrés du jeudi précédant la fête des Rameaux au lundi de Pâques inclus (sans prolongation), et du 1er juillet au 1er octobre, avec prolongation facultative, moyennant surtaxe, aux familles d'au moins trois personnes payant place entière et voyageant ensemble :

a) Au départ de PARIS, pour les gares, stations et haltes du réseau de l'État situées à 125 kilomètres au moins de Paris, ou réciproquement;

b) Au départ de toutes les gares, stations et haltes du réseau de l'État (Paris excepté), pour les gares, stations et haltes situées à 50 kilomètres au moins du point de départ.

Il peut être délivré à un ou plusieurs des voyageurs compris dans un billet collectif et en même temps que ce billet une carte d'identité sur la présentation de laquelle le titulaire sera admis à voyager isolément à moitié prix du tarif ordinaire des billets simples, pendant la durée de la villégiature de la famille, entre la gare de délivrance du billet collectif et le point de destination mentionné sur ce billet.

Enfants. — Les enfants de 3 à 7 ans payent la moitié du prix que paye un voyageur à place entière.

(Pour les autres conditions, voir les Tarifs spéciaux G. V. n°s 2 bis et 9 bis.)

VOYAGE CIRCULAIRE AU LITTORAL DE L'OCÉAN
ENTRE BORDEAUX ET NANTES
Billets individuels et de famille
délivrés du jeudi précédant la fête des Rameaux au 31 octobre

Valables 33 jours (non compris le jour de la délivrance)
avec faculté de prolongation de trois fois 20 jours moyennant un supplément de 10 0/0 pour chaque prolongation

PRIX

1° Billets individuels : 1re classe, 60 fr. — 2e classe, 45 fr. — 3e classe, 30 fr.
2° Billets de famille : Prix ci-dessus réduits de 10 0/0 pour une famille de 5 personnes, jusqu'à 25 0/0 pour un nombre de 6 personnes ou plus.
Billets spéciaux de parcours complémentaires pour rejoindre ou quitter l'itinéraire du voyage d'excursion.

(Pour les autres conditions, voir le Tarif spécial G. V. N° 5.)

CARTES D'EXCURSION VALABLES 15 JOURS

Pendant la période du jeudi précédant la fête des Rameaux au 31 octobre, il sera délivré, par toutes les gares, stations et haltes du réseau de l'État, des cartes d'excursion valables pendant 15 jours et comportant la libre circulation, savoir :
Cartes A. — Sur l'ensemble du réseau de l'État.
Cartes B. — Sur toutes les lignes du réseau de l'État situées au Sud de la Loire (y compris les gares de Nantes, Angers, La Possonnière, Saumur et Port-Boulet).
Ces cartes sont délivrées aux prix ci-après :
Cartes A (valables sur l'ensemble du réseau) : 1re classe, 135 fr.; 2e cl., 100 fr.; 3e cl., 75 fr.
Cartes B (valables sur le réseau sud seulement) : 1re classe, 100 fr.; 2e cl., 75 fr.; 3e cl., 50 fr.
Les demandes de cartes d'excursion pourront être adressées aux chefs de toutes les gares ou stations du réseau de l'État, ou au chef du contrôle de ce réseau (rue Saint-Lazare, n° 45, à Paris).

(Pour les autres conditions, voir le Tarif spécial G. V. n° 5.)

RELATIONS DIRECTES ENTRE PARIS ET VALPARAISO
Par La Rochelle-Pallice et la Compagnie de navigation à vapeur du Pacifique
Service tous les 15 jours

Train spécial (1re, 2e et 3e classes), entre Paris-Montparnasse et La Rochelle-Pallice
(Sans transbordement)
TRAJET DIRECT EN 8 HEURES 49

Départ de Paris le samedi à 10 h. 10 du soir — Arrivée à La Rochelle-Pallice (Bassin à flot) le lendemain à 7 h. 29 du matin

CHEMIN DE FER DU NORD

PARIS-NORD A LONDRES

Via Calais ou Boulogne

Cinq services rapides quotidiens dans chaque sens — Voic la plus rapide

SERVICES OFFICIELS DE LA POSTE

(Via Calais)

La gare de Paris-Nord, située au centre des affaires, est le point de départ de tous les grands express européens pour l'Angleterre, la Belgique, la Hollande, le Danemark, la Suède, la Norvège, l'Allemagne, la Russie, la Chine, le Japon, l'Autriche, l'Orient, la Suisse, l'Italie, la Côte d'Azur, l'Égypte, les Indes et l'Australie.

SERVICES RAPIDES

ENTRE PARIS, LA BELGIQUE, LA HOLLANDE, L'ALLEMAGNE, LA RUSSIE, LE DANEMARK
LA SUÈDE ET LA NORVÈGE

		Trajet en
6 express dans chaque sens entre	Paris et Bruxelles	3 h 50
3 — —	Paris et Amsterdam	8 30
5 — —	Paris et Cologne	8 »
5 — —	Paris et Francfort-sur-Mein	12 »
3 — —	Paris et Hambourg	16 »
5 — —	Paris et Berlin	18 »
9 — —	Paris et St-Pétersbourg	51 »
Par le Nord-express, bihebdomadaire		46 »
1 express dans chaque sens entre	Paris et Moscou	62 »
2 — —	Paris et Copenhague	27 »
2 — —	Paris et Stockholm	43 »
2 — —	Paris et Christiania	49 »

SAISON DES BAINS DE MER
Billets à prix réduits

Pendant la saison, du jeudi précédant la fête des Rameaux au 31 octobre, toutes les gares du Chemin de fer du Nord délivrent des billets de bains de mer de 1re, 2e et 3e classes, à destination des stations balnéaires suivantes : AULT-ONIVAL via Fesquières-Vrossenneville), BERCK (station du chemin de fer d'intérêt local), via Montreuil-sur-Mer ou via Rang-du-Fliers-Verton, BOULOGNE-VILLE ou TINTELLERIES (Le Portel), CALAIS-VILLE, CAYEUX (station du chemin de fer d'intérêt local), via Saint-Valery-sur-Somme, QUEND-FORT-MAHON, QUEND-PLAGE, FORT-MAHON-PLAGE, RANG-DU-FLIERS-VERTON (Plage de Merlimont), ROSENDAEL (Plage de Malo-les-Bains), CONCHIL-LE-TEMPLE (Fort-Mahon), DANNES-CAMIERS (plages Sainte-Cécile et Saint-Gabriel), DUNKERQUE (plages de Malo-les-Bains et Rosendael), ETAPLES, PARIS-PLAGE (station du chemin de fer électrique), via Etaples, EU (plages de Bourg-d'Ault et d'Onival), GRAVELINES (Petit-Fort-Philippe), GRYVELDE (Bray-Dunes), LE CROTOY (station du chemin de fer d'intérêt local), via Noyelles, LEFFRINCKOUCKE (MALO TERMINUS), LE TRÉPORT-MERS, LOON-PLAGE, MARQUISE-WIXNENT (plage de Wissant), NOYELLES, SAINT-VALERY-SUR-SOMME, WIMILLE-WIMEREUX (plages de Wimereux, Audresselles et Ambleteuse), ZUYDCOOTE (Nord-Plage)

Il existe trois catégories de billets, savoir :

1° Billets de saison (1) de 1re, 2e et 3e classes, valables pendant 33 jours, non compris le jour de l'émission, avec facilité de prolongation pendant plusieurs périodes de 15 jours (2), sous condition d'effectuer un parcours minimum de 100 kilomètres aller et retour. Ces billets, créés pour les familles, sont nominatifs et collectifs. Il est accordé une réduction de 50 0/0 à chaque membre de la famille en plus du troisième. Les billets dont il s'agit doivent être demandés au moins 4 jours à l'avance à la gare où le voyage doit être commencé.

2° Billets hebdomadaires et carnets d'aller et retour (1) de 1re, 2e et 3e classes. Les billets hebdomadaires sont valables pendant 5 jours, du vendredi au mardi et de l'avant-veille au surlendemain des fêtes légales. Ces billets et carnets sont individuels. Les prix varient selon la distance et présentent des réductions de 25 à 40 0/0. Les carnets contiennent 5 billets d'aller et retour et peuvent être utilisés à une date quelconque dans le délai de 33 jours, non compris le jour de distribution

CHEMIN DE FER DU NORD (Suite)

3° Billets d'excursions (1) de 2° et 3° classes, les dimanches et jours de fêtes légales, valables pendant une journée. Ces billets sont individuels ou de famille. — Les prix réduits des billets individuels sont indiqués dans le tableau ci-dessous. — Pour les familles (ascendants et descendants), il est accordé une nouvelle réduction sur le prix des billets individuels d'excursion, allant de 5 à 25 0/0, selon que la famille se compose de 2, 3, 4, 5 personnes et plus.

Les billets de saison et les billets hebdomadaires sont valables dans les mêmes trains et aux mêmes conditions que les billets ordinaires du service intérieur.

Les billets d'excursion ne sont valables que dans des trains spéciaux ou dans des trains du service ordinaire désignés à cet effet par la Compagnie.

4° Cartes d'abonnement (1) de 1re, 2° et 3° classes, valables pendant 33 jours, et comportant une réduction de 20 0/0 sur le prix des abonnements ordinaires d'un mois. Ces cartes ne sont délivrées qu'à toute personne qui prend deux billets ordinaires au moins ou un billet de saison pour les membres de sa famille ou domestiques allant séjourner sous le même toit dans une station balnéaire désignée ci-dessous.

Les prix au départ de Paris, pour les trois catégories, sont les suivants :

Prix des billets (3) de saison, hebdomadaires et d'excursion

DE PARIS AUX STATIONS CI-DESSOUS	Billets de saison de famille (valables pendant 33 jours)						BILLETS HEBDOMADAIRES Prix (**) par personne			BILLETS d'excursion Prix ( ) par personne	
	Prix pour 2 personnes			Prix pour chaque personne en plus							
	1re cl.	2e cl.	3e cl.	1re cl.	2e cl.	3e cl.	1re cl.	2e cl.	3e cl.	2e cl.	3e cl.
Ault-Onival (via Fouquières-Fressenneville)	137 40	95 40	62 70	24 20	17 20	11 40	29 »	23 30	16 »	11 40	7 45
Berck	149 40	101 40	68 30	25 60	17 45	11 45	31 »	24 15	17 »	11 15	7 35
Boulogne (ville)	171 70	115 20	75 »	28 45	19 20	12 50	34 »	25 70	18 90	11 10	7 30
Calais (ville)	198 30	133 80	87 30	33 05	22 30	14 55	37 90	29 »	21 85	12 35	8 10
Cayeux	137 55	93 80	61 80	24 »	16 45	10 80	29 30	23 05	15 85	11 »	7 25
Conchil-le-Temple (Fort-Mahon)	140 40	94 90	61 80	23 40	15 80	10 30	28 80	22 50	15 75	9 75	6 35
Dannes-Camiers	157 20	106 20	69 50	26 20	17 70	11 55	31 70	24 40	17 50	10 50	6 85
Dunkerque	204 90	138 30	90 30	34 15	23 05	15 05	38 85	29 95	22 05	12 50	8 20
Eughen-les-Bains	»	»	»	»	»	»	2 »	1 45	» 95	»	»
Étaples	152 40	102 90	67 20	25 40	17 15	11 20	30 90	23 85	17 »	10 85	6 75
Eu	120 90	81 80	53 10	20 15	13 60	8 85	25 40	20 10	13 70	8 85	5 75
Fort-Mahon (plage)(a)	141 30	96 80	64 20	24 15	16 20	11 30	29 50	23 35	16 65	10 80	7 75
Ghyvelde (Bray-Dunes)	213 »	143 70	93 60	35 50	23 95	15 60	39 95	31 15	23 40	12 50	8 20
Gravelines (Petit-Fort-Philippe)	204 90	138 30	90 30	34 15	23 05	15 05	38 85	29 95	22 00	17 50	8 20
Le Crotoy	131 25	89 10	58 20	22 60	15 40	10 10	27 90	21 95	15 15	9 »	6 75
Leffrinckoucke (Malo-Terminus)	209 10	141 »	92 10	34 85	23 50	15 35	39 40	30 55	23 05	12 50	8 20
Le Tréport-Mers	123 »	83 10	54 »	20 50	13 85	9 »	25 75	20 35	13 90	9 »	5 85
Loon-Plage	204 30	138 »	90 »	34 05	23 »	15 »	38 75	29 90	22 50	17 50	8 20
Marquise-Rinxent	182 10	123 »	80 10	30 25	20 50	13 35	33 60	26 50	20 05	11 75	7 70
Noyelles	125 90	85 80	55 80	21 15	14 30	9 30	26 45	20 85	14 35	9 15	5 95
Paris-Plage	156 »	105 90	70 10	28 60	18 15	12 30	31 10	24 95	18 »	11 35	7 75
Pierrefonds	68 »	44 40	29 10	11 »	7 40	4 85	15 40	11 50	7 60	»	»
Quend Fort-Mahon	137 70	93 »	60 80	22 95	15 50	10 10	28 30	22 15	15 45	9 60	6 25
Quend-Plage (4)	140 70	96 »	63 60	23 95	16 50	11 10	29 30	23 15	16 45	10 60	7 25
Rang-du-Fliers-Verton	145 20	98 10	63 90	24 20	16 30	10 65	29 60	23 05	16 20	10 05	6 55
Rosendaël (plage de Malo-les-Bains)	207 60	140 10	91 50	34 50	23 35	15 25	39 80	30 35	22 00	12 50	8 20
Saint-Amand	159 90	108 »	70 50	26 65	18 »	17 75	32 80	24 65	17 75	»	»
Saint-Amand-Thermal	163 20	110 10	72 »	27 80	18 35	12 »	32 80	24 95	18 10	»	»
Saint-Valery-sur-Somme	131 10	88 50	57 60	21 85	14 75	9 60	27 15	21 35	14 75	9 30	6 05
Serqueux (Forges-les-Eaux)	96 70	65 60	43 10	16 45	11 10	7 25	21 50	16 70	11 25	»	»
Wimille-Wimereux	174 60	117 90	76 80	29 10	19 65	12 80	34 35	26 10	19 30	11 25	7 40
Zuydcoote (Nord-Plage)	211 80	142 80	93 »	35 30	23 80	15 50	39 80	30 95	23 25	12 50	8 20

(*) Sur les prix afférents au parcours de la Compagnie du Nord, une nouvelle réduction de 5 à 25 0/0 est faite sur les billets de famille, selon que la famille est composée de 2 à 5 personnes et au delà.

(**) Des carnets individuels, contenant 5 billets hebdomadaires d'aller et retour, peuvent être utilisés à une date quelconque dans le délai de 33 jours, non compris le jour de distribution.

(1) Ces billets sont personnels et ne peuvent être vendus, sous peine de poursuites judiciaires.

(2) Cette prolongation est faite, au retour, par les soins de la gare de départ, avant l'expiration de la première période moyennant le supplément de 10 0/0 du prix total du billet.

(3) Ces prix ne comprennent pas les 0 fr. 10 de timbre pour les sommes supérieures à 10 francs.

(4) Les billets à destination de Fort-Mahon-Plage et de Quend-Plage ne sont délivrés que du 11 juin au 5 octobre, période pendant laquelle fonctionne le tramway. Avant et après cette période, la distribution et la prolongation restent utilisées à Quend-Fort-Mahon.

CHEMINS DE FER DU MIDI

Les voyageurs peuvent effectuer des voyages sur le réseau du Midi (notamment dans les Pyrénées et aux gorges du Tarn), au moyen d'une des combinaisons suivantes, comportant de notables réductions sur les prix ordinaires des places :

1° Billets d'aller et retour individuels et de famille, de toutes classes

A destination des stations thermales et balnéaires situées sur le réseau du Midi.

Durée (1) : 33 jours, non compris les jours de départ et d'arrivée.

2° Billets de voyages circulaires : Paris, centre de la France, Pyrénées, Provence et gorges du Tarn (de 1re et 2e classes)

Durée (1) : 20 jours pour les voyages intérieurs du Midi (G. V., 5) et 30 jours pour les voyages communs avec l'Orléans et le P.-L.-M. (G. V., 105). — En outre, il est délivré, sur les réseaux du Midi et d'Orléans, des billets spéciaux d'aller et retour à prix réduits, pour permettre aux voyageurs porteurs de billets de voyages circulaires de visiter des points situés en dehors du voyage circulaire, notamment Carcassonne.

3° Billets d'aller et retour de famille pour les vacances

Durée (1) : 33 jours, non compris le jour du départ.

4° Cartes d'excursions dans le centre de la France et les Pyrénées
donnant droit à la libre circulation dans les zones à explorer

Ces cartes sont délivrées du 15 juin au 15 septembre, au départ de toutes les gares des réseaux du Midi et de l'Orléans.

Durée de validité : un mois avec faculté de prolongation moyennant supplément.

Il existe 5 zones d'excursions sur lesquelles le voyageur a droit à la *libre circulation.*

Les prix varient suivant le point de départ et la zone choisie. — Des réductions allant de 10 0/0 pour la 2me personne jusqu'à 50 0/0 pour la 6e et les suivantes sont consenties à toute personne qui souscrit en même temps plusieurs cartes de même nature en faveur des membres de sa famille (2).

5° Billets spéciaux d'aller et retour, de toutes classes, pour Lourdes

Délivrés au départ de toutes les gares des réseaux de l'État, du Nord, de l'Ouest, de l'Est, de P.-L.-M., d'Orléans, et dans toutes les gares du Midi situées à plus de 150 kilomètres de Lourdes. — Durée de validité variable suivant la longueur du parcours : 4 à 12 jours, non compris le jour du départ. Réduction de 20 0/0 à 40 0/0 suivant la classe et la distance parcourue (3).

AVIS. — *Un livret indiquant en détail les conditions dans lesquelles peuvent être effectués les divers voyages d'excursion, de famille, etc., sera envoyé gratuitement à toute personne qui fera parvenir au service commercial de la Compagnie, boulevard Haussmann, 54, à Paris (IXe arr.), le montant de l'affranchissement du livret, soit 25 centimes.*

(1) Faculté de prolongation moyennant supplément de 10 p. 100.
(2) Consulter, pour les détails le Tarif commun G.V., n° 106.
(3) Consulter pour les détails le tarif commun G. V., n° 102.

CHEMINS DE FER DE L'EST

I. — RELATIONS DIRECTES DE LA COMPAGNIE DE L'EST

(SERVICES PERMANENTS)

a) Avec la Suisse, *via* Belfort-Bâle (trains rapides).

b) Avec l'Italie, *via* Belfort-Bâle et le Saint-Gothard (trains rapides),

c) Avec Mayence, Wiesbaden, Ems et Hombourg-les-Bains, *via* Metz-Sarrebruck (trains rapides);

d) Avec Francfort-sur-Mein, *via* Metz-Sarrebruck (trains rapides), et *via* Avricourt-Strasbourg (train d'Orient), en correspondance à Carlsruhe avec train express pour Francfort,

e) Avec Coblence et Ems, *via* Pagny-sur-Moselle-Metz-Trèves et *via* Longwy-Luxembourg-Trèves (trains rapides);

f) Avec l'Autriche-Hongrie, la Roumanie, la Serbie, la Bulgarie et la Turquie 1° *via* Avricourt-Strasbourg (train d'Orient), 2° *via* Belfort-Bâle, la Suisse orientale et l'Arlberg (trains rapides);

g) Avec Luxembourg, *via* Charleville, Longuyon, Longwy, Dippach (trains rapides).

II. — BILLETS D'ALLER ET RETOUR DE FAMILLE A PRIX RÉDUITS

1° Billets d'aller et retour de famille, délivrés pendant l'été, pour les stations thermales situées sur le réseau de l'Est et pour Girél (vallée de la Meuse). — 2° Billets d'aller et retour de famille délivrés par et pour toutes les stations du réseau de l'Est à l'occasion des vacances de Pâques et des grandes vacances.

III. — Voyages circulaires à prix réduits pour visiter les Vosges et Belfort
avec arrêts facultatifs à toutes les stations du parcours

Billets individuels et billets collectifs, valables 33 jours

1° De Paris à Paris, 2° de Laon à Laon, 3° de Nancy à Nancy *via* Blainville, Charmes et *via* Pagny-sur-Meuse, Vaucouleurs.

Billets d'aller et retour individuels, valables 33 jours

Délivrés dans toutes les gares des réseaux de l'Est et du Nord conjointement avec les billets circulaires individuels et collectifs des Vosges au départ de Nancy.

IV. — VOYAGES INTERNATIONAUX à prix réduits à itinéraires facultatifs

La Compagnie des chemins de fer de l'Est délivre toute l'année des Livrets internationaux à coupons combinables à prix réduits, permettant aux voyageurs de composer à leur gré un voyage circulaire ou d'aller et retour à l'étranger, comprenant des parcours sur les grands réseaux français, sur les Chemins de fer algériens de l'État, algériens P.-L.-M., Ouest-Algérien, Bône-Guelma, sur les Chemins de fer départementaux de la Corse et sur certaines lignes maritimes desservies par la Compagnie générale transatlantique, la Compagnie de navigation mixte (C° Touache), la Société de transports maritimes à vapeur, la Compagnie des Messageries maritimes, la Compagnie marseillaise de navigation à vapeur Fraissinet, ainsi que sur la plupart des lignes des pays désignés ci-après : Allemagne, Autriche-Hongrie, Belgique, Bosnie-Herzégovine, Bulgarie, Danemark, Finlande, Italie, Grand-Duché de Luxembourg, Pays-Bas, Norvège, Roumanie, Serbie, Suède, Suisse et Turquie.

Les principales conditions d'émission de ces livrets sont les suivantes :

L'itinéraire doit emprunter à la fois des lignes françaises et étrangères et ramener le voyageur à son point de départ initial.

Le parcours tarifé ne peut être inférieur à 600 kilomètres, la durée de validité des livrets est de 60 jours lorsque le parcours ne dépasse pas 3.000 kilomètres; 90 jours, pour les parcours de 3.001 à 5.000 kilomètres, et 120 jours pour les parcours supérieurs à 5.000 kilomètres.

Les livrets doivent être demandés à l'avance; il n'est pas concédé de franchise de bagages.

Les enfants âgés de 3 ans et moins sont transportés gratuitement, s'ils n'occupent pas une place distincte; au-dessus de 3 ans jusqu'à 10 ans, ils bénéficient d'une réduction de 50 0/0.

V — VOYAGES CIRCULAIRES à itinéraires fixes, NORD ET SUD DES ALPES
Via Saint-Gothard, Mont Cenis, Vintimille

Les voyageurs qui désirent se rendre en Italie peuvent se procurer, toute l'année, à Paris et dans toutes les gares du réseau de l'Est situées sur l'itinéraire, des billets circulaires à itinéraires fixes dits « Au Nord et au Sud des Alpes » qui permettent de faire des excursions variées en Italie dans des conditions économiques.

Les touristes ont le choix entre quatre excursions au **Nord des Alpes** (parcours en dehors de l'Italie) et un grand nombre d'excursions au **Sud des Alpes** (parcours italiens), qu'ils peuvent effectuer avec deux billets délivrés conjointement.

Durée de validité des billets circulaires 60 jours

Nota — Pour tous autres renseignements, consulter le Livret des voyages circulaires et excursions que la Compagnie des chemins de fer de l'Est envoie gratuitement aux personnes qui en font la demande.

VOYAGES A

Afin de faciliter les voyages sur son réseau, la Compagnie des chemins de fer de l'Ouest met à la disposition du public, les billets à PRIX RÉDUITS, dont la nomenclature suit, comportant jusqu'à 50 0/0 de réduction sur les prix du tarif ordinaire :

Billets Bains de Mer
(De la veille de la fête des Rameaux au 31 octobre)

I. — Billets individuels délivrés au départ de PARIS, valables selon la distance, 3, 4, 10 et 33 jours.

II. — Billets individuels délivrés au départ de la PROVINCE, valables selon la distance, 3, 4, 10 et 33 jours.

III. — Billets individuels délivrés au départ des réseaux du NORD, de l'EST, d'ORLEANS et de l'ETAT, pour les stations balnéaires du réseau de l'Ouest, valables 33 jours.

IV. — Billets de famille pour 4 personnes au moins délivrés au départ des gares des réseaux de l'Est, du Midi et de P.-L.-M. pour les stations balnéaires et thermales du réseau de l'Ouest, valables 33 jours

Billets de Voyages circulaires
(1er mai au 31 octobre)

Billets circulaires valables UN MOIS
délivrés au départ de PARIS et de la PROVINCE.

ONZE ITINÉRAIRES différents permettent de visiter les points les plus intéressants de la Normandie, de la Bretagne et l'Ile de Jersey.

Excursion au Mont-Saint-Michel
(De la veille de la fête des Rameaux au 31 octobre)

Billets délivrés par toutes les gares du réseau, valables selon la distance, do 3 à 8 jours.

Excursion au Havre
Juin à septembre)

Billets délivrés au départ de PARIS et de ROUEN (R. D.), donnant droit au trajet en bateau dans un sens entre ROUEN et le HAVRE.

Excursion à l'Ile de Jersey

Toute l'année, par GRANVILLE et SAINT-MALO. — Mai à octobre, par CARTERET. Billets délivrés au départ de PARIS et de certaines gares de la PROVINCE, valables UN mois.

Voyage Circulaire en Bretagne

Billets circulaires délivrés TOUTE L'ANNÉE avec billets d'aller et retour complémentaires à prix réduits, permettant de rejoindre l'itinéraire.

ITINÉRAIRE. — Rennes, Saint-Malo-Saint-Servan, Dinard-Saint-Enogat, Dinan, Saint-Brieuc, Guingamp, Lannion, Morlaix, Roscoff, Brest, Quimper, Douarnenez, Pont-l'Abbé, Concarneau, Lorient, Auray, Quiberon, Vannes, Savenay, Le Croisic, Guérande, Saint-Nazaire, Pont-Château, Redon, Rennes.

PRIX RÉDUITS

Excursions en Bretagne

Facilités accordées par cartes d'abonnement individuelles et de famille, valables pendant 33 jours.

ABONNEMENTS INDIVIDUELS

Il est délivré, de la veille de la fête des Rameaux au 31 octobre, des cartes d'abonnement spéciales permettant de partir d'une gare quelconque (grandes lignes) du réseau de l'Ouest pour une gare au choix des lignes désignées aux alinéas ci-dessous en s'arrêtant sur le parcours; de circuler ensuite, à son gré, pendant un mois, non seulement sur ces lignes, mais aussi sur tous leurs embranchements qui conduisent à la mer, et enfin, une fois l'excursion terminée, de revenir au point de départ avec les mêmes facilités d'arrêt qu'à l'aller.

Carte valable sur la côte nord de Bretagne : 1re classe, 100 fr.; 2e classe, 75 fr. — Parcours : Ligne de Granville à Brest (par Folligny, Dol et Lamballe) et les embranchements de cette ligne vers la mer.

Carte valable sur la côte sud de Bretagne : 1re classe, 100 fr.; 2e classe, 75 fr. — Parcours : Ligne du Croisic et de Guérande à Châteaulin et les embranchements de cette ligne vers la mer.

Carte valable sur les côtes nord et sud de Bretagne : 1re classe, 130 fr.; 2e classe, 95 fr. — Parcours : Lignes de Granville à Brest (par Folligny, Dol et Lamballe) et de Brest au Croisic et à Guérande et les embranchements de ces lignes vers la mer.

Carte valable sur les côtes nord et sud de Bretagne et lignes intérieures situées à l'ouest de celle de Saint-Malo à Redon : 1re classe, 150 fr.; 2e classe, 110 fr. — Parcours : Lignes de Granville à Brest (par Folligny, Dol et Lamballe) et de Brest au Croisic et à Guérande et les embranchements de ces lignes vers la mer, ainsi que les lignes de Dol à Redon, de Messac à Ploërmel, de Lamballe à Rennes, de Dinan à Questembert, de Saint-Brieuc à Auray, de Loudéac à Carhaix, de Morlaix et de Guingamp à Rosporden.

ABONNEMENTS DE FAMILLE

Toute personne qui souscrit, en même temps que l'abonnement qui lui est propre, un ou plusieurs autres abonnements de même nature en faveur des membres de sa famille ou domestiques habitant avec elle, bénéficie, pour ces cartes supplémentaires, de réductions variant entre 10 et 50 0/0, suivant le nombre de cartes délivrées.

Paris à Londres

Via ROUEN, DIEPPE et NEWHAVEN, par la gare SAINT-LAZARE
Deux départs tous les jours et toute l'année, matin et soir (dimanches et fêtes compris)

Billets simples valables sept jours			Billets d'aller et retour valables un mois		
1re classe	2e classe	3e classe	1re classe	2e classe	3e classe
48 fr. 35	35 fr. »	23 fr. 25	82 fr. 75	58 fr. 75	41 fr. 50

Ces billets donnent le droit de s'arrêter, sans supplément de prix, à toutes les gares situées sur le parcours ainsi qu'à Brighton

Nota. — Les trains du service de jour entre Paris et Dieppe et vice versa comportent des voitures de 1re et de 2e classes à couloir avec W.-C. et Toilette ainsi qu'un wagon-restaurant; ceux du service de nuit comportent des voitures à couloir des trois classes avec W.-C. et Toilette.

La voiture de 1re classe à couloir des trains de nuit comporte des compartiments à couchettes (supplément 5 francs par place). Les couchettes peuvent être retenues à l'avance aux gares de Paris et de Dieppe moyennant une surtaxe de 1 franc par couchette.

Pour plus de renseignements, demander le bulletin spécial du service de Paris à Londres, que la Compagnie de l'Ouest envoie franco à domicile sur demande affranchie adressée au Service de la Publicité, 20, rue de Rome, à Paris.

TOURING-CLUB DE FRANCE

Fondé le 26 janvier 1890 pour favoriser le développement
du tourisme en France

(Autorisé par arrêté ministériel en date du 15 novembre 1890)

Haut patronage de M. le Président de la République

Le **TOURING - CLUB DE FRANCE** (*cotisation
annuelle* : 5 francs) a pour but de développer le tourisme sous
toutes ses formes — à pied — à bicyclette — en automobile —
à cheval et en voiture attelée — en chemin de fer — en yacht.

Son insigne, aujourd'hui répandu partout, assure à chaque
sociétaire, dans ses voyages, les bons offices et l'assistance de
ses collègues ; des *délégués*, au nombre de plus de trois mille,
placés dans tous les chefs-lieux, renseignent les touristes sur
les curiosités artistiques ou naturelles de la contrée, les routes,
les hôtels, etc.

Indépendamment de l'insigne, chaque sociétaire reçoit *gratuitement*, une carte d'identité, les itinéraires dont il peut avoir
besoin, une *Revue mensuelle*, organe officiel de l'Association,
contenant des articles techniques, des relations de voyages, des
plans d'excursions, et généralement tout ce qui peut intéresser
le touriste ; il a droit enfin aux prix spéciaux faits par les hôtels
affiliés et indiqués dans l'*Annuaire*, à des remises appréciables
sur les livres, guides, cartes, etc.

Une partie importante des ressources de l'Association (crédit
alloué pour 1908 : 250 000 francs) est affectée à des travaux ou
à des publications *d'intérêt général*, amélioration des routes
tant pour le cycliste que pour le voituriste, et le yachtman,
création de routes de voitures ou de sentiers dans les régions
pittoresques, cartes routières, guides routiers, trottoirs cyclables,
poteaux indicateurs sur les routes, aux carrefours, aux descentes
dangereuses, postes de secours, pontons d'atterrissage, etc.

Enfin, il a créé une *Caisse de secours immédiats aux cantonniers et éclusiers*, alimentée : 1° par des crédits votés par
le **Touring-Club** ; 2° par des dons.

(Depuis sa création la Caisse a délivré plus de 140 000 francs
de secours.)

SIÈGE SOCIAL :
Avenue de la Grande-Armée, 65, PARIS (16e ARR.)

        Type B — 2*

COMPAGNIE DE NAVIGATION MIXTE

SOCIÉTÉ ANONYME AU CAPITAL DE 4 038 300 FRANCS

PAQUEBOTS-POSTE FRANÇAIS

ALGÉRIE, TUNISIE, SICILE, TRIPOLITAINE, ESPAGNE, MAROC

Départs de MARSEILLE pour :

Tunis (rapide), Sousse, Monastir, Mehdia, Sfax, Gabes, Djerbab et Tripoli — mercredi 1 h. soir.

Oran, Melilla, Nemours, Tanger (toutes les semaines), Beni-Saf, Tetouan, Gibraltar, Malaga (par quinzaine) — mercredi 6 h. soir.

Philippeville (rapide) et Bône. — jeudi midi

Alger (rapide) . . . . . mardi et jeudi 6 h. s.
Bizerte, Tunis (et Palerme) par quinzaine sam. 7 h. s.

Départs de PORT-VENDRES pour :
Alger (rapide) . . . . . . dimanche 5 h. s.
Oran (rapide) . . . . vendr. 3 h. 30 s

Départs de CETTE pour :
Alger (via Port-Vendres). samedi minuit.
Oran   —   jeudi minuit.

SERVICES COMBINÉS AVEC LES CHEMINS DE FER

Toutes les gares françaises délivrent, aux conditions du Tarif commun G V. n° 205 des chemins de fer, des Billets circulaires à itinéraires facultatifs établis au gré des voyageurs, valables 90 jours, et comportant à la fois des parcours en chemin de fer et des traversées maritimes à effectuer à *prix réduits* sur les paquebots de la **Compagnie de navigation mixte** Ces billets permettent l'arrêt facultatif dans tous les ports ou gares de l'itinéraire qu'ils comportent

La Compagnie participe en outre à la délivrance des Coupons combinables du VEREIN (Union des chemins de fer allemands .

POUR FRET ET PASSAGES, S'ADRESSER A :

MARSEILLE exploitation, 54. rue Cannebière

LYON, siège social, 51. rue de la République.

PARIS, MM. Narwolff et Cie 51. rue du Faubourg-Poissonnière. — Compagnie de navigation mixte. — Bureau des passages, 9, rue de Rome. — Télégramme : Buenos-Paris. —

Téléphone 230-99 — General Ticket Office. Hôtel Terminus (gare Saint-Lazare)

PORT-VENDRES, M. Gaston Pams.

CETTE, M P Caffarel. 13, quai de Bosc

NICE. MM Ang Carles et Perrugia, 1. quai Lunel.

PALERME. MM Tagliava et Freres.

Et en général aux correspondants de la Compagnie ou aux Agences Cook Durbemin, Fournier Gaze. Lubin, etc.

FRANCE

Classée

par ordre alphabétique

des localités

AIX-LES-BAINS

RÉGINA
G^D HOTEL BERNASCON

A proximité de l'Etablissement thermal
et des Casinos
MAGNIFIQUE VUE SUR LE LAC ET LA VALLÉE
Salle de bains à chaque appartement.
Magnifique villa privée dans le jardin.
J.-M. BERNASCON, Propriétaire

Aix-les-Bains
GRAND HOTEL D'AIX
GUIBERT, Propriétaire
Appartements avec salle de bains
Ascenseur. — Lumière électrique dans toutes les chambres

Aix-les-Bains
SPLENDID-HOTEL ROYAL
Réputation universelle. — La meilleure position. — Grand parc avec
tennis-courts. — Par excellence, la maison des familles. — Tout 1er ordre.
Excelsior Hôtel, ouvert en 1906.
Installation la plus perfectionnée. — Hôtel de luxe. — Cabinets de
toilette et salle de bains attenant à chaque chambre.
G. ROSSIGNOLI, Propriétaire-Directeur.

Aix-les-Bains
HOTEL DU NORD ET DE G^{de}-BRETAGNE
En face le grand cercle et tout près de l'Etablissement Thermal. —
Prix spéciaux pour avril, mai, juin. — Arrangements pour familles et
pour séjours. — Ascenseur. — Lumière électrique. — Calorifère.
LEJEUNE-SACONNEY, Directeur.
En hiver : Hôtel Richemont et Russie à Nice.

Aix-les-Bains
HOTEL TERMINUS
Près de la gare. — Grand confortable. — Jardin ombragé. — Service
par petites tables. — Cuisine de premier ordre. — Lumière électrique,
— Arrangements sanitaires. — Ascenseur. — Pension depuis 8 fr.
Saison d'hiver : Hôtel des Palmiers, Monte-Carlo
PIGNAT, Propriétaire

ARCACHON

(GIRONDE)

STATION HIVERNALE ET ESTIVALE

Située à **une heure de Bordeaux, à huit heures de Paris**, cette station jouit d'un climat tempéré et régulier; c'est un des rares points du monde où, dans une même journée, on n'éprouve pas de changement brusque de température. Arcachon est par excellence la station des convalescents.

En hiver comme en été, Arcachon offre des ressources uniques, ses forêts, son bassin merveilleux qui est sans égal au point de vue des régates et du tourisme nautique, de la pêche, de la chasse aux oiseaux de mer, qui abondent toute l'année.

Deux fois par semaine, chasses municipales avec équipage de premier ordre. Tous les étrangers sont admis à suivre à cheval, sans redevance.

Chasse aux sangliers en toute saison. Deux casinos complètent les attractions de la station : Cercle nautique et des sports, bals, représentations, concerts, golf, law-tennis, etc.; une mention spéciale pour le nouveau casino de la plage : d'une construction récente, c'est un palais moderne

Terrasse avec vue splendide sur la mer. La décoration magistrale et le confort de ce casino le placent au premier rang des établissements similaires.

Pour de *plus amples renseignements*, il convient de demander les brochures spéciales du *Syndicat d'initiative d'Arcachon*, qui les adresse *franco*.

Envoi franco de toutes brochures

GRAND HOTEL DU FORUM

De tout premier ordre. — Plein midi. — **Au centre des
curiosités romaines.** — Vue superbe sur le Rhône et la
Camargue. — Auto-garage avec fosse. — *English spoken.* —
Téléphone. — *Omnibus.* — Correspondant des T. C. F. et
étrangers. **Famille MICHEL, Propriétaire.**

Arles

GRAND HOTEL DU NORD-PINUS

Place du Forum. — Maison de tout premier ordre et des
mieux exposée par ses divers appartements. — Forum romain
dans l'hôtel. — Auto-garage et mécanicien. — Electricité. —
Téléphone. — Confort et prix modérés. — English spoken.
F. BESSIÈRE, Propriétaire

Arras

HOTEL DE L'UNIVERS

MAISON DE PREMIER ORDRE

Recommandée aux familles et aux voyageurs. — Grands et
petits appartements. — Jardin. — Salons. — Garage. — **Chauffage à vapeur.** — Téléphone. — Electricité. — *Omnibus
à la gare.* **DURET, Propriétaire.**

Avignon

GRAND HOTEL D'AVIGNON

Rue de la République. — Près des Postes et Télégraphes.
— Le mieux situé. — De premier ordre. — 80 chambres et
salons. — *Grand confortable.* — Cuisine très soignée. — Prix
modérés. — *Omnibus.* — Spécialité des grands vins de Châ-
teauneuf-du-Pape. **J. CANDY, Propriétaire.**

Avignon

GRAND HOTEL DE L'EUROPE

Le seul de tout premier ordre. — Entièrement remis
à neuf. — Maison de très ancienne réputation, recommandée
aux familles et aux touristes pour son confortable et ses prix
modérés. — Salle de bains. — Grand garage. — **English spo
ken.** — *Omnibus.* **VILLE, Propriétaire.**

Biarritz

HOTEL BIARRITZ-SALINS ET DES THERMES

Ce splendide établissement communique avec les Thermes salins par une passerelle couverte. Il est installé avec tout le confort moderne. — Restaurant. — Billard. — Ascenseur. — Chauffage central et dans les chambres. — Lawn-tennis. — Deux jardins bien ombragés. — *Station du tramway en face de l'hôtel.* — A 5 minutes de la Grande Plage. — *Prix modérés.* — **A. MOUSSIÈRE**, Propriétaire.

Biarritz

HOTEL CARRÉ

Pension de famille. — *Au rond-point*, en face du Jardin des Thermes salins. — Entièrement transformé et agrandi. — Dernier confort moderne. — Appartements complets pour familles, avec service particulier. — Table d'hôte par petites tables. — Pension depuis 8 francs. — Lumière électrique. — Calorifère. — Bains. — Téléphone. — Ascenseur. — Henri **VISPALY**, Propriétaire.

Biarritz

MAISON PÉDAUGA

PENSION DE FAMILLE

Précédemment avenue Victoria, à côté des Thermes salins

Belle situation. — Jardin. — Cuisine très soignée. — Station du tramway devant la maison, à 3 minutes de la plage. — Pension depuis 7 fr. — **DABAT**, Propriétaire.

Biarritz

PAVILLON LOUIS XIV

Thermes Salins. — Pension de famille de 1er ordre. — Grand confortable. — Calorifère. — *Électricité.* — Téléphone 3.09. — Ascenseur. — Cuisine très soignée. — *Pension depuis 8 fr.* — Arrangements pour familles. — *Station du tramway en face de l'hôtel.* — **BRATEL**, Pre.

Biarritz

HOTEL PAVILLON ALPHONSE XIII

A 200 mètres de la plage et à 200 mètres des Thermes salins. — 50 chambres meublées à neuf et très confortables. — Salle à manger avec terrasse. — Vue sur la mer. — Chauffage central. — *Lumière électrique dans toutes les chambres.* — Grand jardin. — **A. HUFFLING**, Pre.

Biarritz

LES CHARDONS

Grande Villa moderne à la porte des Thermes Salins. — Mobilier *entièrement* neuf. — Pension de famille. — Tout le confort moderne. — Électricité. — Bains. — Téléphone. — Calorifère. — Service par petites tables. — **Mme TÉTARD**, Propriétaire.

CAPVERN

(HAUTES-PYRÉNÉES)

A 15 heures de Paris, à 6 heures de Bordeaux, à 2 heures de Toulouse à 4 heures de Bayonne, à 1 heure de Luchon, à 1 heure de Lourdes. — Station célèbre de vieille date pour la grande efficacité de ses eaux. — N'a pas de similaire, grâce au traitement combiné de ses deux sources : **Houn-Caoudo**, stimulante, tonique, puissamment reconstituante, et **Bouridé**, éminemment sédative et décongestionnante. — Eau de table non gazeuse, ne troublant pas le vin, d'un goût agréable, légère et estive.

ÉTABLISSEMENT OUVERT TOUTE L'ANNÉE

SAISON DU 15 MAI AU 31 OCTOBRE

Exportation importante d'eau en bouteilles toute l'année

EAU TRÈS STABLE

Eaux calciques et magnésiennes (sulfatées et bicarbonatées). — Tempér. 24°. — Diurétiques, laxatives, dépuratives, résolutives, toniques et reconstituantes.

Souveraines dans : *Gravelle urinaire et Coliques néphrétiques, Gravelle biliaire et Coliques hépatiques, Affections des Reins, de la Vessie, des Voies urinaires, Engorgements du Foie et des Voies biliaires, Goutte, Diabète, Affections rhumatismales et arthritiques, Affections de l'Estomac, de l'Intestin, du Foie et des Voies biliaires, Etats hémorroïdaires, Affections de la matrice, Troubles de la menstruation (Etouffements et Vapeurs, Age critique), Anémies diverses, Etats nerveux divers, Neurasthénie.*

Postes — Télégraphe — Casino — Parc — Promenades — Excursions

HOTELS DE PREMIER ORDRE

Capvern-les-Bains

GRAND HOTEL DU PARC

1er ordre. — Près de l'Etablissement. — Tout le confort moderne. — *Grand parc ombragé attenant à l'hôtel.* — Cuisine très soignée spécialement recommandée. — Pension depuis 7 fr. — Garage et fosse pour autos. — Omnibus à la gare. — **BEAUPERTUIS, Propriétaire.**

Capvern-les-Bains

GRAND HOTEL BEAU-SÉJOUR

1er ordre. — Le plus confortable. — Vaste parc. — *Un omnibus de l'hôtel conduit gratuitement les clients à l'établissement.* — Garage pour autos. — Pension depuis 8 fr. — Omnibus à la gare.
ROUZAUD, Propriétaire.

CAUTERETS

THERMES DE CAUTERETS
et de la Vallée de Saint-Savin

Grand prix à l'Exposition Internationale de Bordeaux.
Médaille d'Or à l'Exposition de Rome.
Grand prix et Médaille d'Or à l'Exposition Internationale de Madrid 1907.

Station thermale sans rivale, la plus riche en sources sulfureuses.

Six buvettes renommées : 38° c. à 58° c. aux Griffons.

Dix établissements de premier ordre pour bains, douches, massages, pulvérisations à pression naturelle.

Piscines à eaux minérales courantes, uniques en Europe.

Casino, théâtre, concerts de jour sur les promenades.

Théâtre de la Nature. — Sports d'hiver.

Saison du 1er mai au 1er novembre.

Exportation : La Raillère, César, Mauhourat.

Spécialité d'action : Maladies des voies respiratoires, du nez et des oreilles, gastrite, gastralgie, rhumatisme, lymphatisme, neurasthénie, etc.

La station thermale de Cauterets doit sa grande et ancienne réputation à l'efficacité de ses eaux en boissons et en gargarismes, à leur action tonique et reconstituante.

Cauterets, jolie ville ensoleillée, avec ses beaux hôtels, ses dix établissements thermaux, son casino, son théâtre et ses superbes promenades, est située au fond d'une gorge étroite à 10 kil. de Pierrefitte. La route qui y conduit est des plus pittoresques ; on la parcourt dans un tramway électrique élégant et commode, qui ne laisse en perdre aucune des beautés, et dont le trajet se fait en 45 minutes.

Aux améliorations réalisées pendant les années précédentes ; au tramway électrique de Cauterets à la Raillère, inauguré en 1897, à la restauration du Casino, en 1898, se sont ajoutées les constructions d'un élégant café et d'un kiosque à musique, qui ont complété l'embellissement de l'Esplanade des Œufs, déjà pourvue d'un promenoir couvert en 1897 — *Pour tous renseignements, s'adresser au directeur de l'Exploitation, à Cauterets, Thermes des Œufs.*

DAX

     Type B — 4

MONTE-CARLO

SAISON D'HIVER ET SAISON D'ÉTÉ

30 minutes de Nice — 15 minutes de Menton

LE TRAJET DE PARIS A MONACO SE FAIT EN 13 HEURES 1/2
DE LYON EN 9 HEURES, DE MARSEILLE EN 4 HEURES
DE GÊNES EN 6 HEURES

Parmi les Stations hivernales du littoral méditerranéen, **Monaco** occupe la première place, par sa position climatérique, par les distractions et les plaisirs élégants qu'il offre à ses visiteurs et qui en font aujourd'hui le rendez-vous du monde aristocratique.

La température, en été comme en hiver, est toujours très tempérée grâce à la brise de mer qui rafraîchit constamment l'atmosphère.

Les **Nouveaux Thermes de Monte-Carlo**, créés en 1908, sont merveilleusement aménagés et centralisent toutes les découvertes de la science moderne en balnéologie, hydrothérapie, électrothérapie, mécanothérapie, etc. Le Casino de Monte-Carlo, en face de **Monaco**, est remarquable par ses salles de jeux spacieuses et bien ventilées, par ses élégants salons de lecture et de correspondance.

Pendant toute la saison d'hiver, une nombreuse troupe d'artistes d'élite y jouent, plusieurs fois par semaine: l'opéra, l'**opéra-comique**, la comédie, le vaudeville, l'opérette.

Des concerts classiques, dans lesquels se font entendre les premiers artistes d'Europe, ont également lieu pendant toute la saison. L'orchestre du Casino, composé de plus de cent exécutants de premier ordre, se fait entendre deux fois par jour pendant toute l'année.

TIR AUX PIGEONS DE MONACO

Ouverture en décembre

Concours spéciaux et Tirs d'exercice. — Grands concours internationaux en janvier et en mars, pendant les Courses et les Régates. — Poules à volonté. — Tirs à distance fixe. — Handicaps.

Palais des Beaux-Arts avec Jardin d'hiver

Exposition des Beaux-Arts, de janvier à avril

Le prix des entrées (1 fr.) est employé en totalité à l'achat d'œuvres exposées, qui forment les lots d'une tombola (prix du billet 1 fr.).

Des représentations sont données sur la scène du théâtre du **Palais des Beaux-Arts.**

Bataille de fleurs, Régates, Concours d'automobiles

Exposition et Courses de canots automobiles, en avril

POTERIE DE MONACO

Avenue de Monte-Carlo

Exposition de poteries d'art. — **Entrée libre**

      Type B —5

San Sebastian

(ESPAGNE)

Le meilleur climat — La plus belle Plage du Monde

10 heures de Paris — 20 minutes
de la frontière française (Hendaye)

SAISON D'HIVER ✿ SAISON D'ÉTÉ

Courses de chevaux. ∿ Courses de taureaux. ∿ Concours hippique. ∿
Grandes régates internationales. ∿ Golf. ∿ Concours de tennis. ∿
Sports. — Excursions en mer et aux environs. ∿ Pays splendide.

GRAND CASINO (*Ouvert toute l'année*)

MÊMES ATTRACTIONS QUE SUR LA RIVIERA

Orchestre de 75 musiciens. ∿ Deux concerts par jour. ∿ Concerts
classiques. ∿ Concerts artistiques avec les artistes le plus en renom.
∿ Représentations théâtrales. ∿ Grands bals cotillon. ∿ Fêtes de
nuit. — Fêtes d'enfants. ∿ Batailles de fleurs. ∿ Cavalcades. ∿
Fêtes nautiques. — Grand Carnaval.

Ouvert toute l'année

SALIES-DE-BÉARN

Basses-Pyrénées. — Chemin de fer de Puyoo à Mauléon. — Etablissement ouvert toute l'année — Chauffé pendant la saison d'hiver. — Médaille d'or, Exposition universelle de 1889. — Climat analogue à celui de Pau, modéré et particulièrement sédatif.

BAINS CHLORURÉS SODIQUES, BROMO-IODURÉS

Minéralisation très forte ; les plus riches en chlorure de sodium, de magnésium, en bromures et en iodures

Hygiène de l'enfance, scrofule, lymphatisme, anémie, rachitisme, carie des côtes, tumeurs, engorgements ganglionnaires, typhus scrofuleux, maladies particulières aux dames, rhumatismes et certains cas de paralysie, etc.

Bains pour prendre chez soi — Bains d'eaux mères en flacons
Eaux mères pour compresses et pour toilette
Eaux mères en fûts et en bonbonnes

S'ADRESSER A L'ÉTABLISSEMENT THERMAL

Les bains d'eaux mères sont reconstituants, stimulants, toniques et résolutifs à un très haut degré.
Les eaux mères pour compresses sont éminemment résolutives pour les engorgements, eto., eto.

Salies-de-Béarn (Bassés-Pyrénées)

Deux hôtels de tout premier ordre, médaillés et diplômés par le Touring-Club et l'Automobile-Club de France

1º Le Grand Hôtel du Parc et de l'Établissement thermal, attenant aux bains et aux douches. — Eclairage électrique. — Téléphone nº 2.

2º Le Grand Hôtel de France et d'Angleterre. — Situation élevée et spéciale pour cure d'air. — Voiture gratis pour les bains. — Eclairage électrique. — Téléph. nº 7.

N. B. — Ces deux hôtels, sous la direction de M. G. Graner, sont les seuls à Salies qui possèdent un ascenseur.

Salies-de-Béarn (Basses-Pyrénées)

MAISON COUSTÈRE

PENSION DE FAMILLE

Appartements meublés — Cuisines particulières — Eau de la ville
Jardin — Prix modérés

SALINS-DU-JURA

Établissement thermal — Piscine de natation
Débilité des femmes et des enfants
Grand Hôtel des Bains, dans le jardin de l'Établissement
Casino, Théâtre, Concerts

ÉTABLISSEMENT THERMAL

DE

SAN SALVADOUR (HYÈRES VAR)

EAU LITHINÉE SOUVERAINE CONTRE

GOUTTE — RHUMATISME — GRAVELLE — DIABÈTE

Ne pas quitter la Côte d'Azur sans visiter
SAN SALVADOUR
ÉTABLISSEMENT OUVERT TOUTE L'ANNÉE

Saujon (CHARENTE-INFÉRIEURE)

GRAND ÉTABLISSEMENT THERMAL

Village médical, dans lequel les malades peuvent s'isoler ou vivre en famille, *avec une direction médicale constante.*

Maladies nerveuses. — Maladies d'estomac. — Rhumatismes.

HYDROTHÉRAPIE — MASSAGE — ÉLECTROTHÉRAPIE

Saujon

VILLA DU PARC

Maison spéciale pour les personnes en traitement à l'Établissement hydrothérapique et pour leur famille. — Saison du 1er mai au 1er novembre. — Installation confortable — Lumière électrique. — Téléphone n° 15. — A proximité de l'Établissement et du Parc. — Arrangements pour longs séjours.

Tamaris-sur-Mer

GRAND HOTEL DES TAMARIS

Ouvert toute l'année. — Premier ordre. — Au bord de la mer et au milieu d'un magnifique parc. — Bains chauds, froids, d'eau douce et de mer. — Electricité. — Téléphone 10. — Service par petites tables. — Voitures d'excursions et bateaux de plaisance. — Garage avec fosse. — Omnibus et voitures sur commande aux trains des gares de la Seyne et de Toulon. —F. JUST, Propriétaire.

ALGÉRIE

ALGER

GRAND HOTEL DE LA RÉGENCE
PLACE DU GOUVERNEMENT

Hôtel de premier ordre. — La plus belle situation de la ville. — Vue splendide sur la mer et les montagnes de la Kabylie. — Arrangements spéciaux pour les familles et pour long séjour. — *Bains et douches dans l'hôtel.* — Cook's Coupons accepted. — **Lift.** — **Ascenseur.** — Omnibus à tous les bateaux et à tous les trains. — Man spricht deutsch — English spoken. — Adresse télégraphique : REGENCE ALGER.
BRUGGEMANN et FLUMM, Propriétaires.

TUNIS

GRAND - HOTEL
Avenue de France
MAISON DE PREMIER ORDRE

Gare Villefranche-Vernet-les-Bains

STATION ESTIVALE — STATION HIVERNALE

12 Sources sulfureuses sodiques — 3 Gds Établissements thermaux

Traitements : Rhumatismes, Névroses, Affections respiratoires (non tuberculeuses), Affections cutanées, etc., Convalescences.

Climat merveilleusement tempéré. Pas de vent. Pas d'humidité

Casino, Théâtre, Vaste Parc et Forêts, Excursions (Canigou 2 750 m.)

HOTELS, CHALETS et VILLAS, APPARTEMENTS MEUBLÉS
— CONFORT MODERNE —

Envoi gratuit de la brochure illustrée sur demande à l'Administration de l'Établissement thermal, VERNET-LES-BAINS (Pyrénées-Orientales).

USINE A VAPEUR ET MAISON D'EXPÉDITION

Maison Aug. GAFFARD, à Aurillac

APERÇU DE QUELQUES PRODUITS SPÉCIAUX

Ayant obtenu les plus hautes récompenses dans toutes les Expositions où ils ont figuré :

Fébrifuge Gaffard, infaillible contre les fièvres paludéennes ; prix 6 fr., franco. — **Pilules panchymagogues**, dépuratif au suprême degré, contre toutes les humeurs ; prix, 6 fr. la boîte. — **Produits des Montagnes d'Auvergne** : Gland doux, Moka français, Malt-Gaffard, Cafés hygiéniques recommandés par les sommités médicales. — **Mélanogène Gaffard**, poudre pour encre noire, violette, rouge et bleue.— **Muricée phosphorée** pour la destruction des rats et autres rongeurs. — **Spécialité d'Encens pour églises.**

Envoi de notices détaillées sur demande affranchie.

Eaux minérales naturelles admises dans les Hôpitaux

SAINT-JEAN. Maux d'estomac, appétit, digestions.
PRÉCIEUSE. Foie, calculs, bile, diabète, goutte.
DOMINIQUE. Asthme, chlorose, débilité.
DÉSIRÉE. Calculs, coliques
MAGDELEINE. Reins, gravelle.
RIGOLETTE. Anémie
IMPÉRATRICE. Maux d'estomac.

Très agréable à boire — Une bouteille par jour

Société générale des **EAUX, VALS** (Ardèche)

La Société expédie sur demande des caisses d'origine, au prix de **15 fr.** les
24 bouteilles et **30 fr.** les 50 bouteilles, rendues *franco* à la gare de Vals.
Les eaux des sources Saint-Jean et Précieuse existent en 1/2 et en 1/4 de bouteilles.
Direction : rue Greffulhe, 4, Paris

HENDAYE-PLAGE

But d'Excursion — Centre d'Excursions

ÉTÉ. — Magnifique Plage exposée au Nord — Mer et Montagne
— Grande Digue Promenade — Cité-Jardin.

HIVER. — Conche exposée au Midi, abritée des vents d'Ouest
Eau de Source, Egouts, Eclairage électrique

TERRAINS A VENDRE AVEC VUE SPLENDIDE

Grandes facilités de payement

Construction rapide et économique de Villas. Payables par annuités.
— S'adresser à M. H. MARTINET, propriétaire du domaine de Hen-
daye-Plage, 129, rue du Faubourg-St-Honoré, Paris.
A M. DANTIN, agent général à Hendaye.

QUEUE

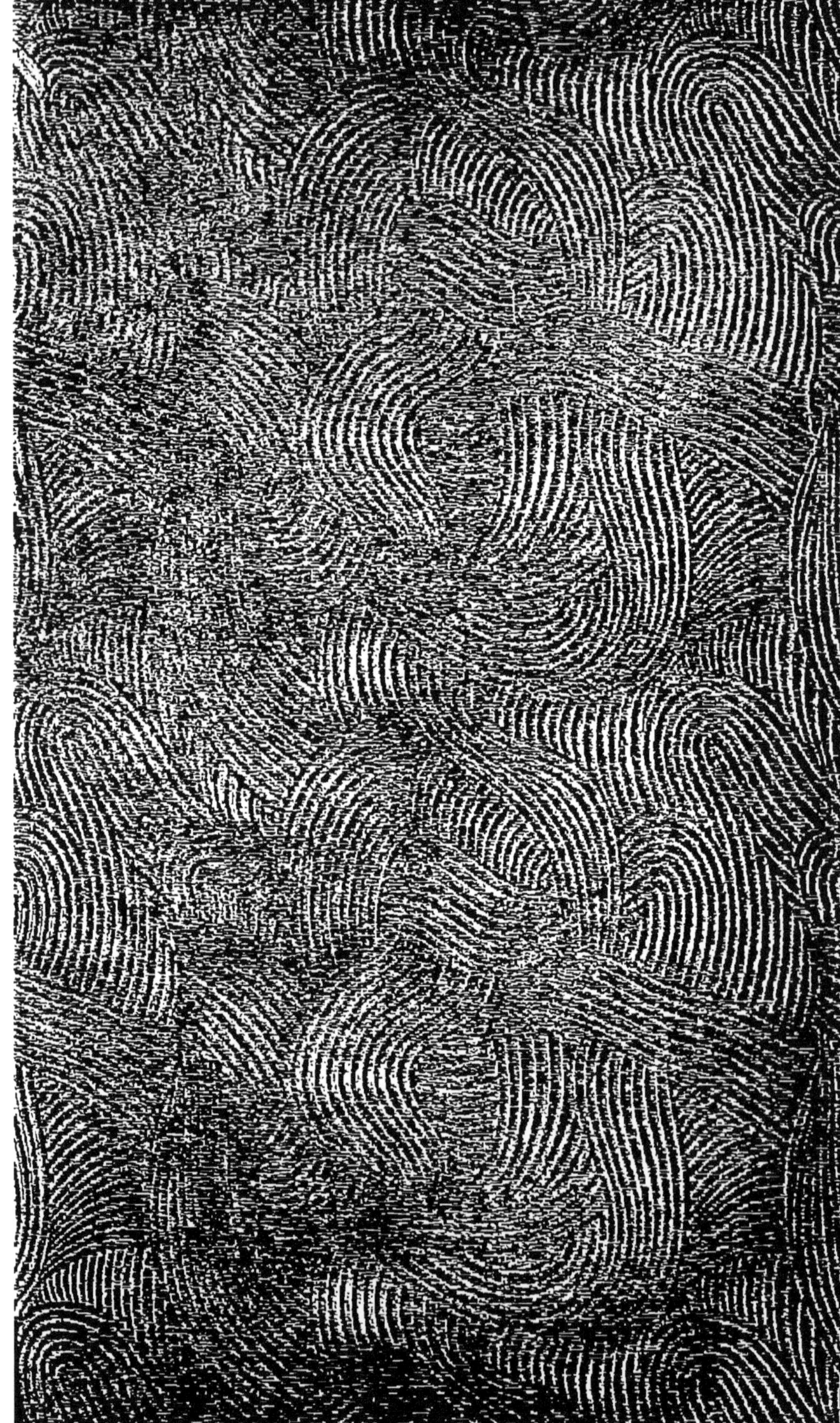

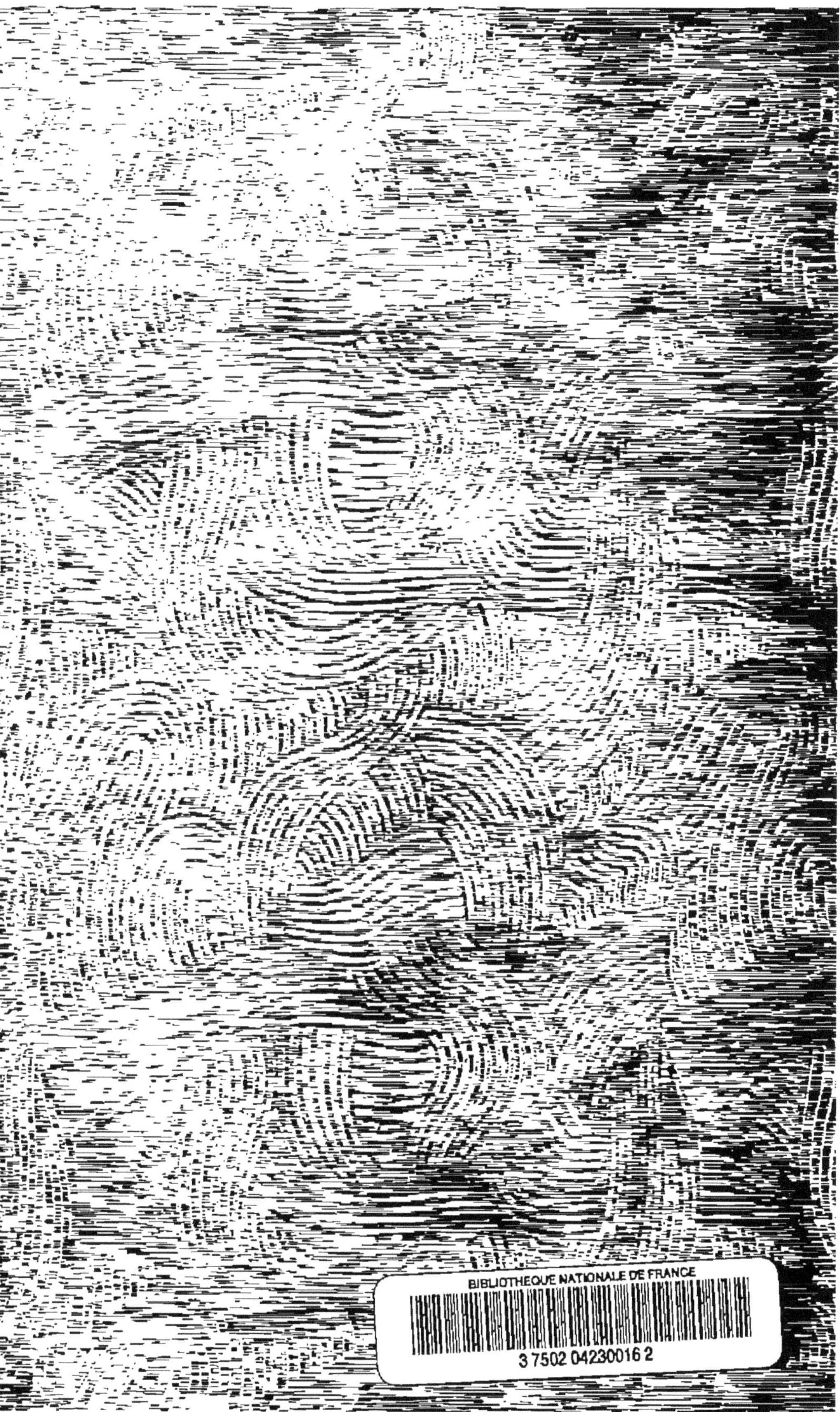

www.ingramcontent.com/pod-product-compliance
Ingram Content Group UK Ltd.
Pitfield, Milton Keynes, MK11 3LW, UK
UKHW021045220726
13924UKWH00005B/2036